國家社科基金重大項目「中國人民大學藏唐代西域出土文獻整理與研究」（20&ZD250）階段性成果

和田出土
唐代于闐漢語文書

榮新江 編著

Chinese Documents
of Tang Dynasty from Khotan

Rong Xinjiang

中華書局

圖書在版編目(CIP)數據

和田出土唐代于闐漢語文書/榮新江編著. —北京:中華書局,2022.9
ISBN 978-7-101-15857-1

Ⅰ.和… Ⅱ.榮… Ⅲ.出土文物-文書-研究-和田地區-唐代 Ⅳ.①K877.94②H12

中國版本圖書館 CIP 數據核字(2022)第 147532 號

書　　名　和田出土唐代于闐漢語文書
編 著 者　榮新江
責任編輯　李　勉
責任印製　陳麗娜
出版發行　中華書局
　　　　　(北京市豐臺區太平橋西里 38 號　100073)
　　　　　http://www.zhbc.com.cn
　　　　　E-mail:zhbc@zhbc.com.cn
印　　刷　三河市中晟雅豪印務有限公司
版　　次　2022 年 9 月第 1 版
　　　　　2022 年 9 月第 1 次印刷
規　　格　開本/920×1250 毫米　1/32
　　　　　印張 8¾　插頁 11　字數 216 千字
印　　數　1-1500 册
國際書號　ISBN 978-7-101-15857-1
定　　價　86.00 元

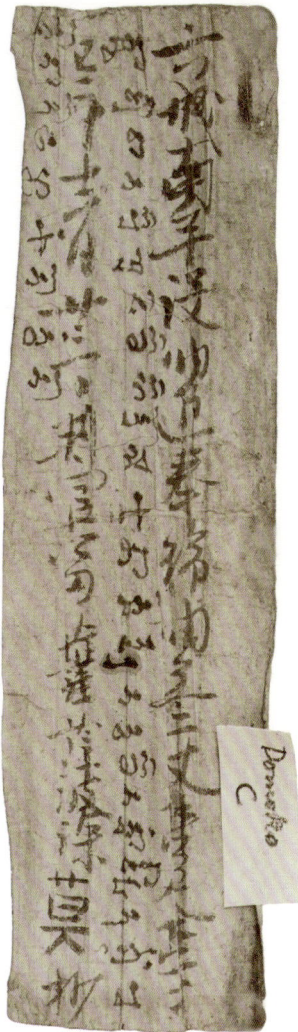

圖1

五八　于闐巳年（801）十二月廿二日于闐六城南牟沒納進奉
　　　絺紬抄（Domoko C）

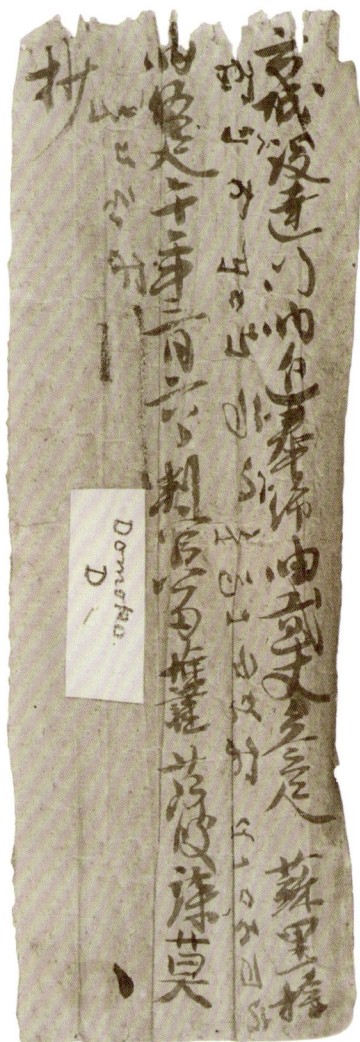

圖2

五九　于闐午年（802）三月六日于闐六城没達門、蘇里捺納
　　　進奉絺紬抄（Domoko D）

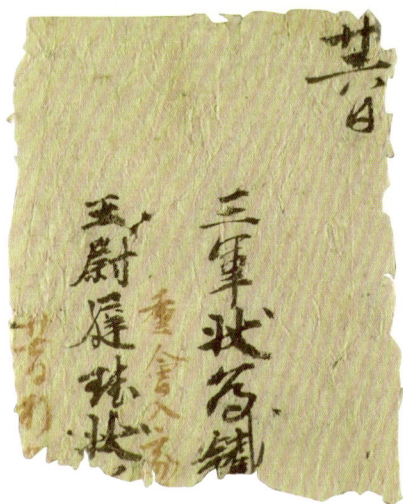

圖3

一〇九　唐某衙狀文事目曆（M.T.0130）

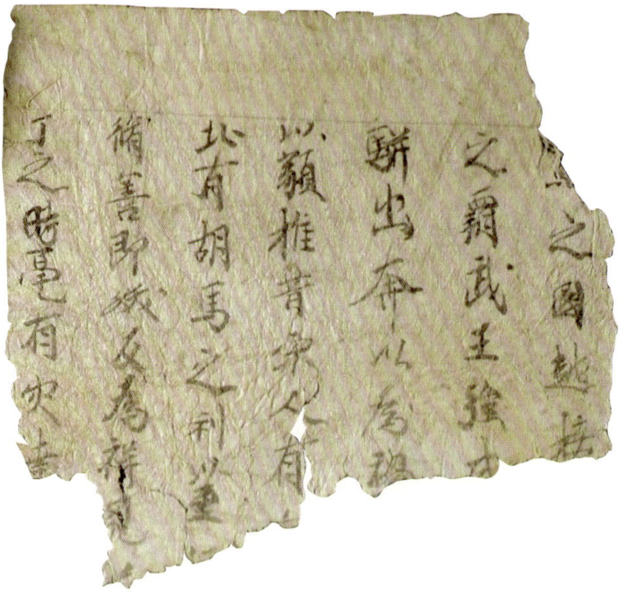

圖4

一四七　唐寫本《劉子·禍福》第四十八（M.T.0625）

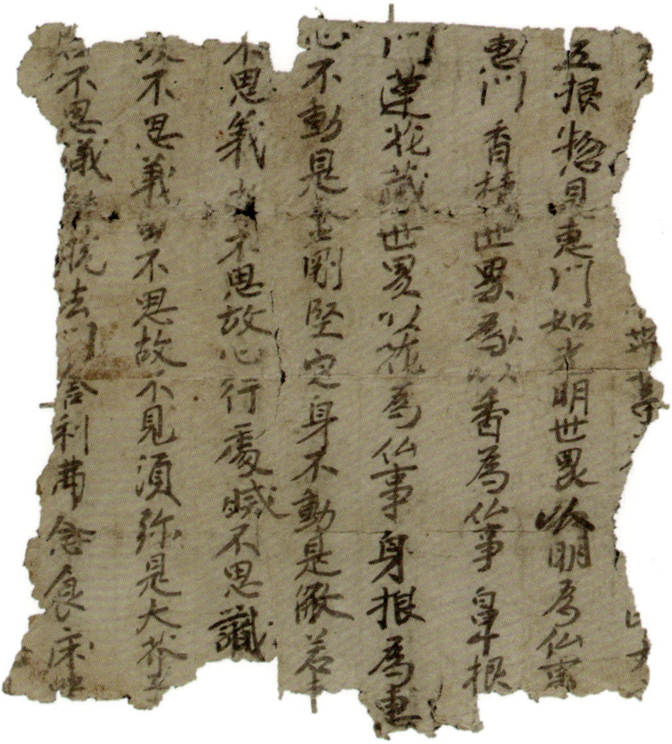

圖5

一六三　唐寫本禪籍（M.T.a.003）

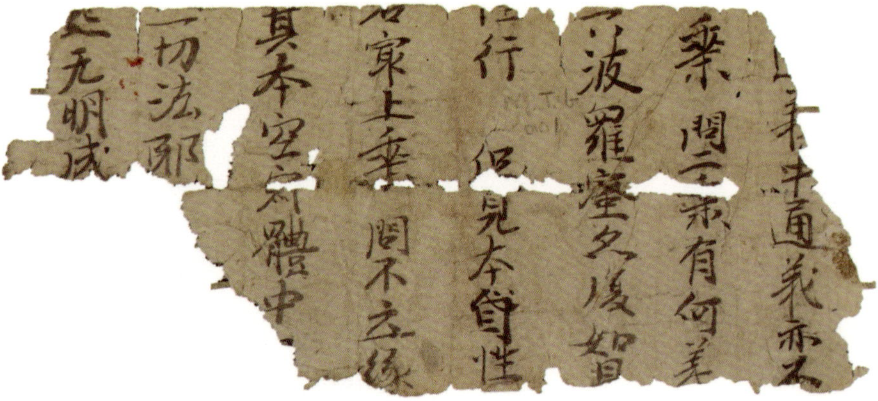

圖6

一六四　唐寫本《神會語録》（M.T.b.001）

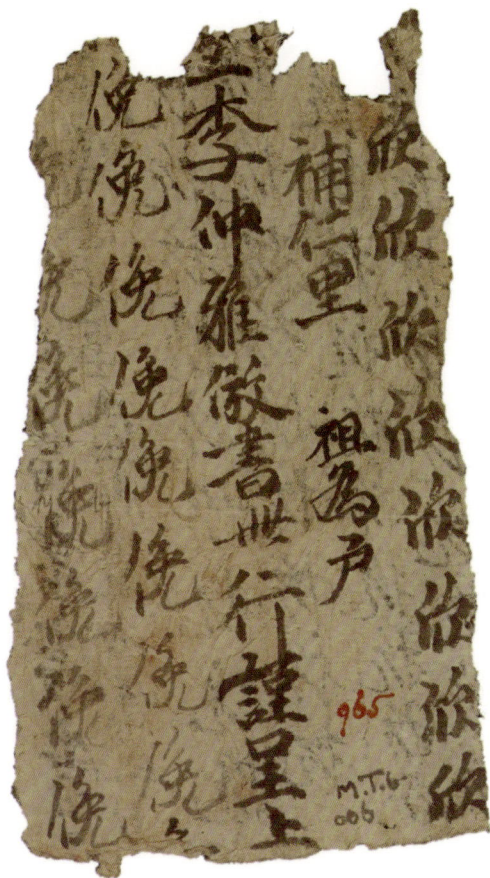

圖7

一六九　唐李仲雅《蘭亭序》習字（M.T.b.006r）

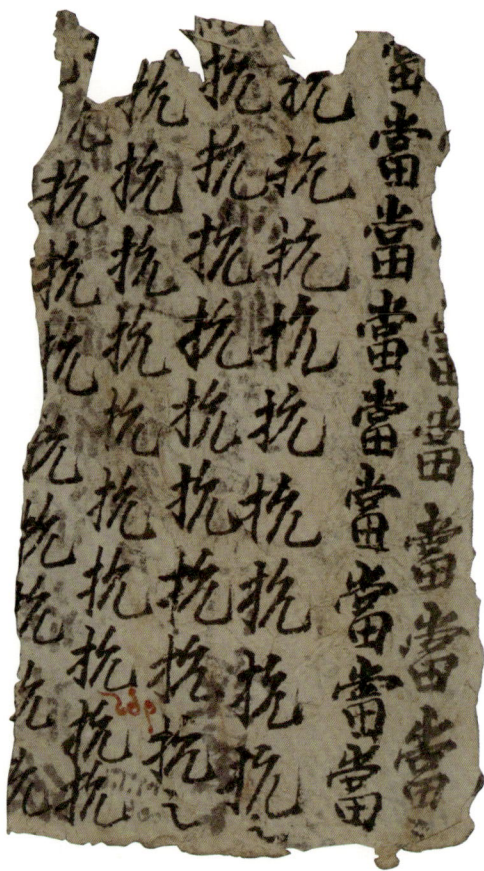

圖8

一七○　唐《尚想黃綺帖》習字（M.T.b.006v）

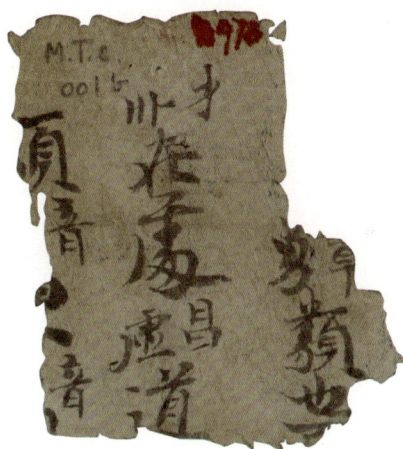

圖9

一七五　唐寫本《經典釋文》卷二四《論語音義·衛靈公十五
　　　　~季氏十六》（M.T.c.001b）

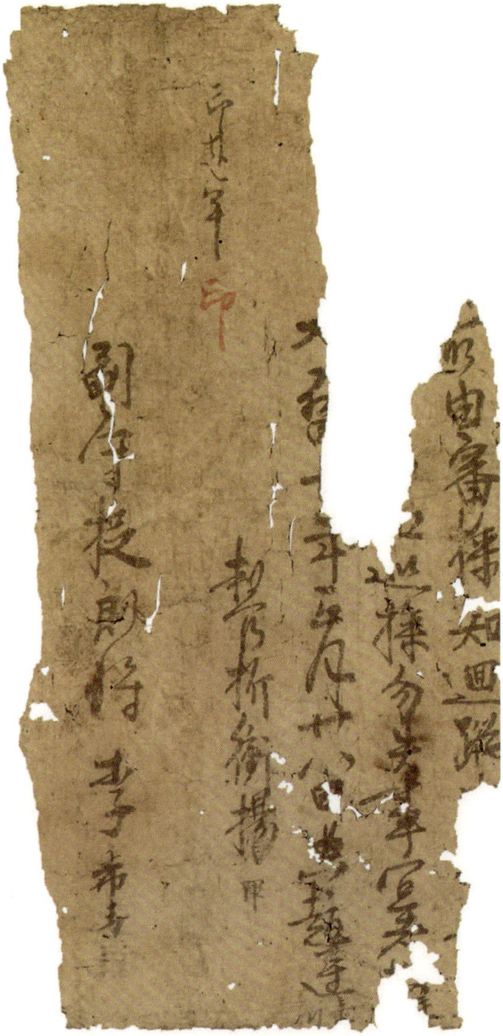

圖10

二三五　唐大曆十年（775）正月廿八日典趙遵牒爲巡探事

（Or.8210/S.9464r）

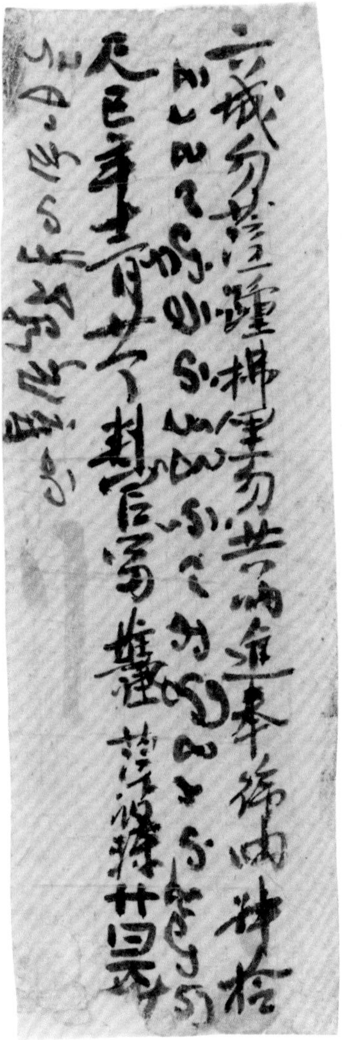

图11

二五一 于阗巳年（801）十二月廿一日于阗六城百姓勿薩
踵、拂里勿納進奉絺紬抄（Hedin 15）

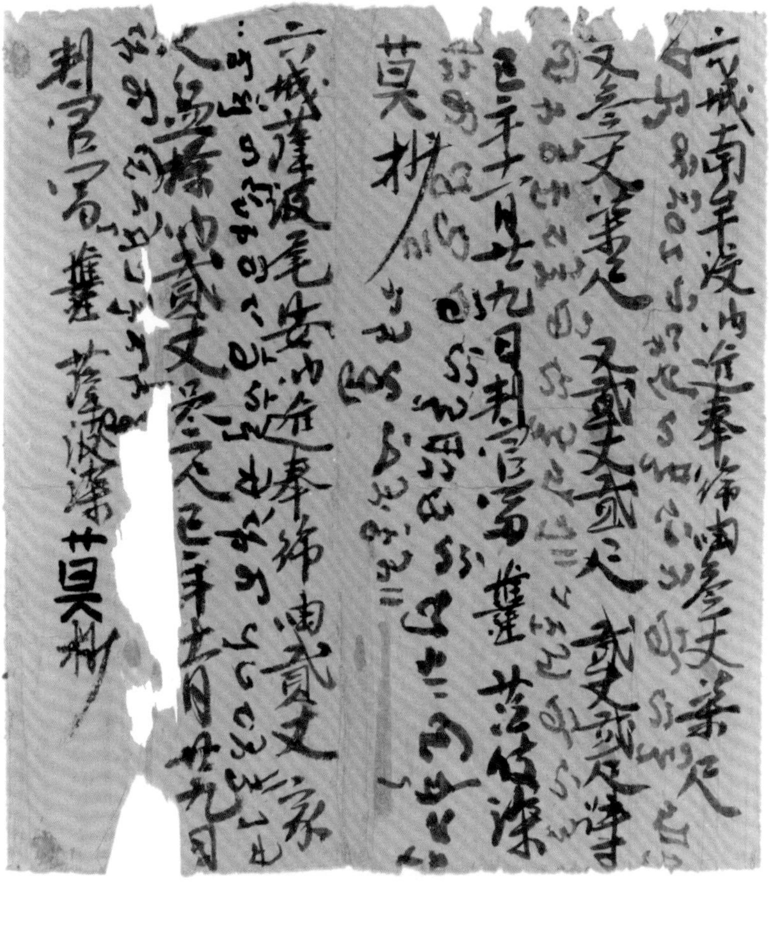

圖12

二五二　于闐巳年（801）十一月至十二月于闐六城百姓納進
　　　　奉絺紬抄（Hedin 16）（局部）

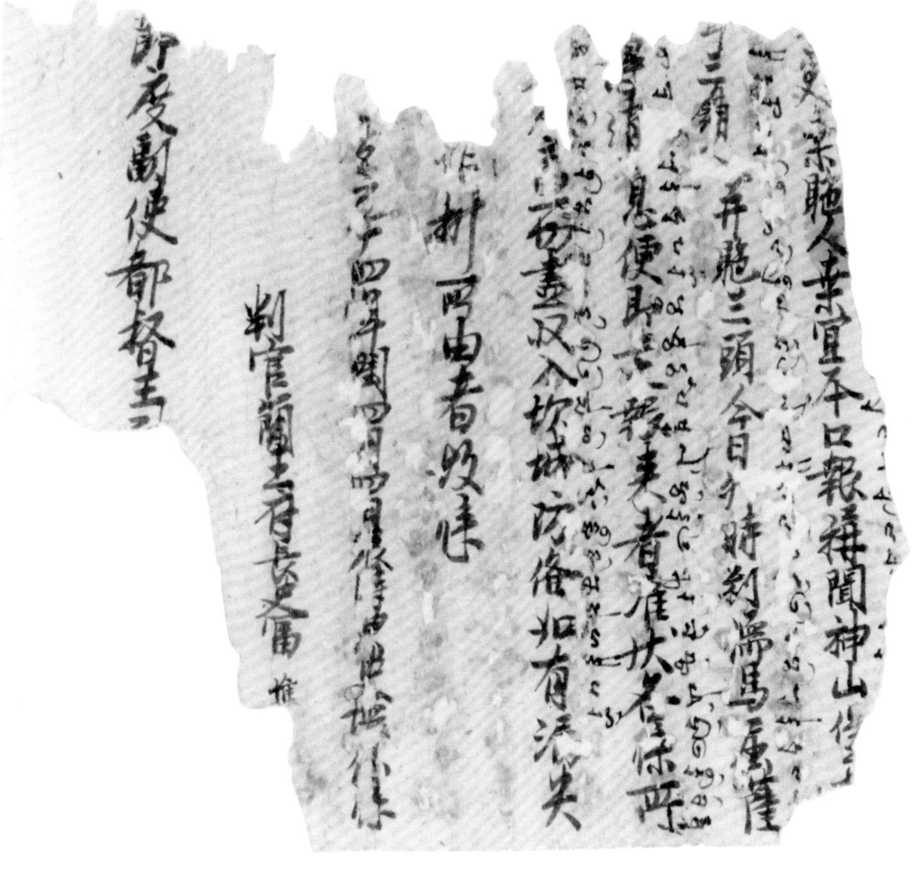

圖13

二五四　唐貞元十四年（798）閏四月典史懷仆牒爲盡收人畜
　　　　入坎城事（Hedin 24）

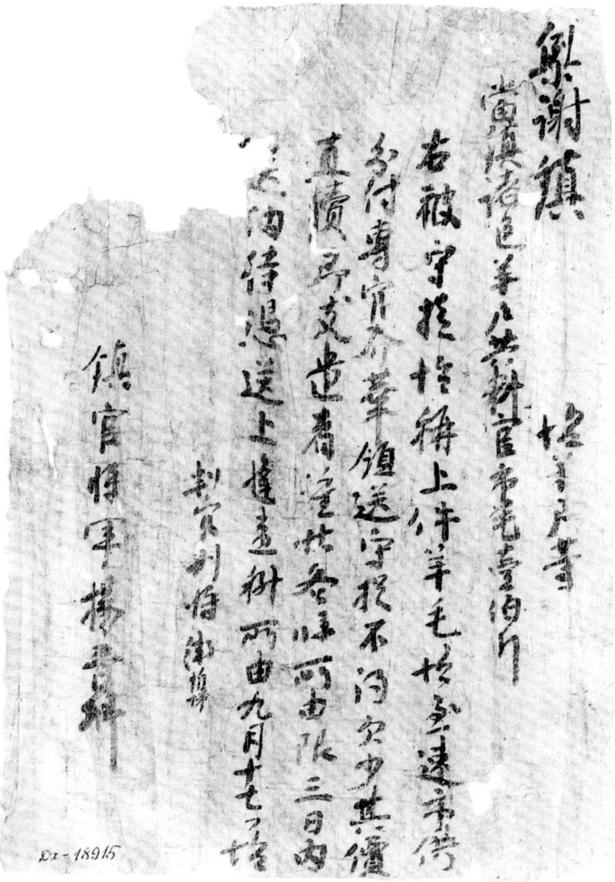

圖14

二五九　唐某年九月十七日傑謝鎮帖羊戶爲市羊毛事（Дх.18915）

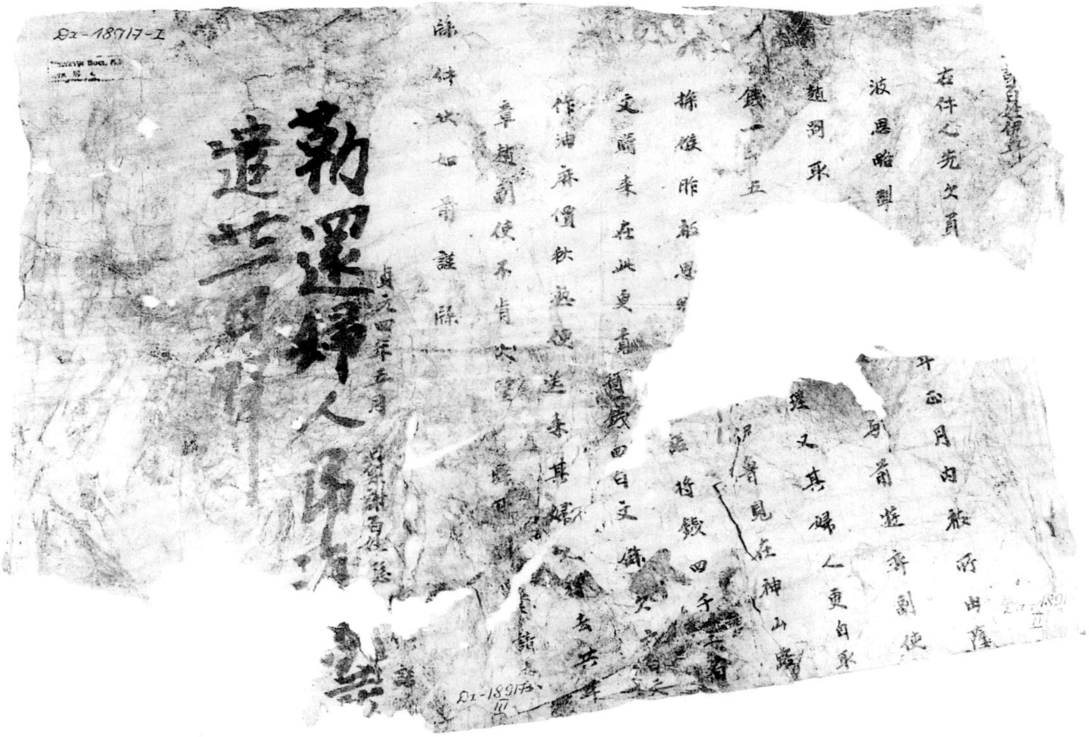

圖15

二六一　唐貞元四年（788）五月傑謝百姓悪□諸牒爲伊魯及負錢事（Дx.18917）

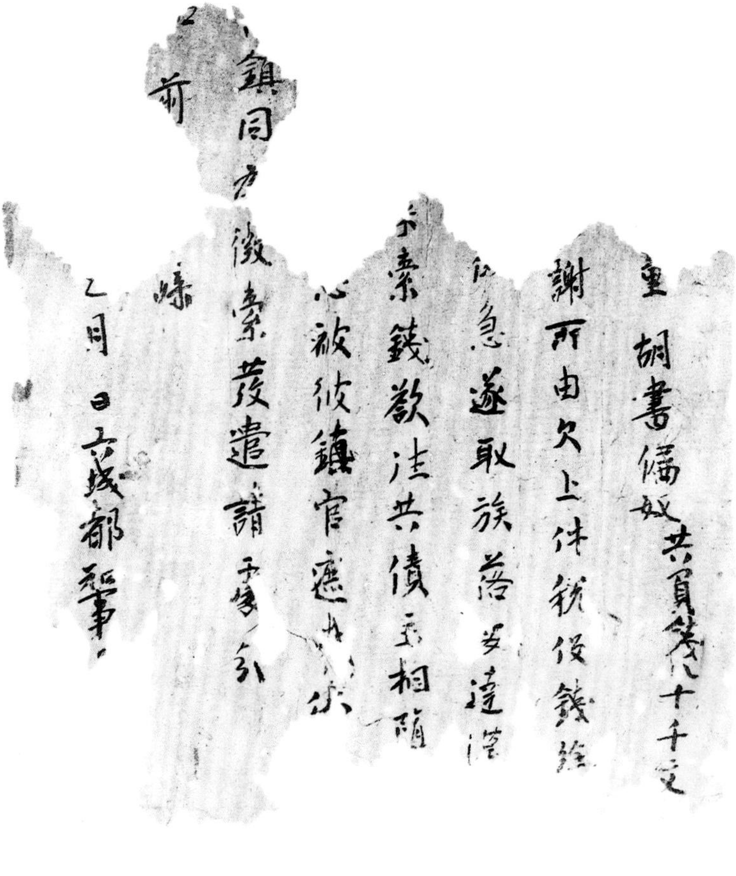

圖16

二七〇　唐某年正月六城都知事牒爲偏奴負税役錢事（Дx.18925）

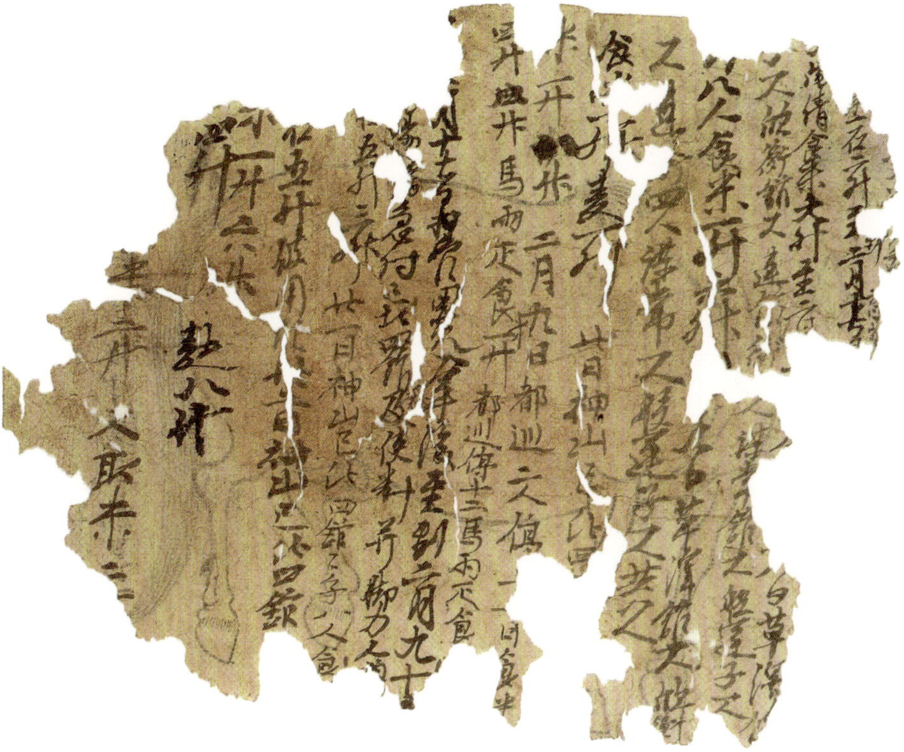

圖17

二九二　唐于闐鎮神山等館支糧曆（T IV Chotan）

總　目

Contents

文書目録

霍恩雷收集品

斯坦因收集品

巴拉瓦斯特出土文書（Balawaste, Balaw., Bal.） ……………… 9

德國吐魯番探險隊收集品

弗蘭克收集品

14 / 和田出土唐代于闐漢語文書

大谷探險隊收集品

附：中國公私散藏收集品

序

　　我的學術研究是從于闐開始的。一篇帶有10世紀于闐年號的敦煌文書，把我推向距離遥遠而充滿艱難的于闐歷史研究。雖然我的第一篇真正意義上的學術論文因爲與恩師張廣達先生合撰而在1982年得以發表，甚至1984年就被譯成法語在巴黎刊出，但于闐研究的道路荆棘叢生，不僅史料分散，而且材料語言繁多。面對眼前的一座座高山，我由此開始了滿世界尋找于闐文書的漫長旅程。

　　1985年，我有機會前往倫敦的英國圖書館，抄録部分霍恩雷和斯坦因所獲和田漢語文書，隨後走訪了斯德哥爾摩的人種學博物館，調查赫定收集品，録出漢文木簡文書，並獲得全部木簡（主體是于闐語）照片。1990年下半年到1991年初，到日本龍谷大學訪學，得以遍覽全部大谷文書縮微膠卷，檢出數件于闐文書。1991年2月從日本到英倫，編纂英國圖書館斯坦因敦煌殘片目録，借機過録了一批斯坦因第三次中亞探險所獲于闐文書。同年7月我有機會從倫敦前往列寧格勒（聖彼得堡）調查敦煌文獻，注意到其中混有和田出土文書，以後這組文書部分由施萍婷先生録出，部分由熊本裕教授提供給我們。此後我又數次到訪聖彼得堡俄羅斯科學院東方文獻研究所，過録了全部敦煌編號中的和田出土漢語文書。1996年在柏林德國國家圖書館，我得以通檢德國吐魯番探險隊收集品，從中録出幾件十分珍貴的和田出土漢語文書。最後在2017年，我終於得到機會走訪德國慕尼黑五洲博物館（原人種學博物館），録出全部弗蘭克收集品中的漢語文書。至此，幾乎所有散在海外的和田出土漢語文書均得以過目，並據原件做了録文。這些陸陸續續積累的録文紙片，曾經分散在不同的紙袋中，隨著時間的推移，越來越有散失的危險。近年來借助整理中國國家圖書館和中國人民大學博物館新獲和田出土漢語文書之機，把這些電腦中散存的録文和書架上各種檔案袋中的紙片收集起來，形成本書的基本内容。

與敦煌吐魯番文書相比，和田出土漢語文書大多數十分零碎，有些只有一兩個字，完整的文書很少，兩三葉的"長卷"極爲罕見，儘管如此，因爲這些漢語文書出自塔里木盆地西南的和田地區，是目前所見大批漢語文書出土地的最西端，對於研究唐朝勢力進入西域地區的歷史，以及于闐王國的文化面貌，都有其他史料所無法取代的特殊價值，有的文書雖然只有幾個字，但卻透露出十分重要的歷史信息。隨著這些漢語文書的陸續公佈，它們已經成爲學者探討唐代西域史不可或缺的原始材料，因爲是沒有經過史家潤色的無意遺物，所以要比傳世的周邊民族所記録的于闐史事更加真切，更加接近歷史的真相。

我在多年的于闐史研究中，得益於和田出土漢語文書，又有機會過録了幾乎所有海外所藏漢語文書，考慮到這些資料對於研究于闐乃至西域歷史、文化、宗教、語言等多方面的價值，感覺是時候把這些殘片聚合在一起了。因此最近一年來，我又將全部漢語文書重新校録一遍，添加相關研究信息，形成本書，以供學人參考。

在這項漫長的工作過程中，我得到了許多人的幫助，特別應當感謝的首先是張廣達先生，除了合作整理聖彼得堡藏漢語文書外，很多其他收集品文書的録文也是經過他的法眼而確定的。在整理英國圖書館藏最大量的和田文書過程中，我有機會與陳國燦先生和沙知先生充分交流，相互切磋，獲益良多。幾次在英國圖書館調查，都得到中文部主任吳芳思（Frances Wood）的無私幫助。在調查俄藏和田文書的過程中，先後得到熊本裕教授、施萍婷先生、波波娃（Irina F. Popova）所長的大力支持和幫助。在考察慕尼黑藏品時，得到段晴老師的指導，哈特曼（Jens-Uwe Hartmann）教授的援助，陳菊霞教授的協助。本書涉及的國內藏品不多，但有些文書十分重要。吐魯番博物館所獲文書，是李肖、孟憲實和我領導的新獲吐魯番出土文獻整理小組的工作結果；和田私人收藏得到于志勇先生、艾再孜先生的大力幫助，文書則是我和文欣一起完成的定稿錄文；北京藏品的調查得到張銘心先生的幫助。在後期校錄過程中，得到了北京大學歷年來西域文書整理小組成員的協助，特別是慶昭蓉、鄭燕燕貢獻較多，最後的書稿經過沈琛的校對，他還幫忙編製索引。本書是在中華書局徐俊先生在領導任上時確定的選題，而最後圓滿完成則責任編輯李勉女史貢獻最多，她對於這本成書過程過長的史料輯錄本，從體例到文字都做了統一釐正的工作。本書最後的整理工作與中國人民大學藏唐代西域出土文獻整理與研究工作同步，承蒙孟憲實教授關愛，將本書列入該項目出版。凡此以上種種幫助，各位學人的高情厚誼，筆者感激莫名。

榮新江
2022年6月24日於三升齋

前言: 和田出土唐代于闐漢語文書概説

　　對於包括敦煌、吐魯番文書在内的西域出土文書的研究，始於19世紀末所謂"鮑威爾寫本"（Bower Manuscripts）在庫車附近古城遺址的出土。隨著考古探險家斯坦因（M. A. Stein）等人的到來，大批文書寫卷在和田東北的沙漠古城、寺廟遺址，吐魯番盆地的石窟、墓葬，以及敦煌藏經洞中被發現，其中以敦煌、吐魯番兩地所獲最爲豐富，學者們的注意力逐漸集中到敦煌、吐魯番文書的研究上。對於早年從和田發現的一批世俗文書，在沙畹（Ed. Chavannes）和馬伯樂（H. Maspero）的原刊著作的初步考訂之後，有過一些整理和研究，但往往是限於契約、寺院經濟等範疇内的工作，而没有把"于闐文書"作爲一個獨立的選項，從于闐史或西域史的角度加以系統整理與研究。

　　然而，和田出土的這批漢語世俗文書，無疑是我們研究唐朝安西四鎮時期的于闐鎮與于闐王國的第一手材料。過去，學者們已經從敦煌、吐魯番文書中爬梳出一些區別於漢文傳世文獻的有關于闐史的珍貴資料，如《慧超往五天竺國傳》（P.3352）[①]、《延載元

① 羅振玉《慧超往五天竺國傳》，《敦煌石室遺書》，誦芬室，1909年；藤田豐八《慧超往五天竺國傳箋釋》，北京，1910年；錢稻孫校印本，北平，1931年；伯希和與羽田亨合編《燉煌遺書》影印本第1集，京都，1926年；羽田亨《慧超往五天竺國傳迻録》，《羽田博士史學論文集》上卷，京都，1957年，626—627頁；桑山正進編《慧超往五天竺國傳研究》，京都大學人文科學研究所，1992年；張毅《往五天竺國傳箋釋》，中華書局，1994年。

年（694）氾德達告身》（68TAM100:1-3）^①等等，但數量有限，而且仍然不屬於于闐本身的自白。

與于闐漢語文書一起出土的于闐語文書，從一開始就受到一些語言學家的充分重視。一百多年來，經過霍恩雷（A. F. R. Hoernle）、柯諾夫（S. Konow）、貝利（H. W. Bailey）、恩默瑞克（R. E. Emmerick）、施杰我（P. O. Skjærvø）等人的努力，這些文書的大部分已經轉寫出來，而且有相當部分的文書已經譯成英文刊佈。這些不論在數量上還是在内容上都較漢語文書豐富的于闐語文書，和同一地區出土的漢語文書不僅時間大致相同，内容也有不少非常相近，甚至有些文書本來就是用漢語和于闐語兩種語言書寫的雙語文書，只是由於分別被漢學家和伊朗語學家發表，這種關係往往爲人們所忽略。因此，系統地整理和田出土漢語文書，必須參照有關的于闐語以及年代稍晚的藏語文書，才能比較徹底地理解這些殘篇斷簡的豐富内容。

由於我們的于闐語、藏語知識有限，這裏只是借助前人和時賢對於于闐語、藏語文書的研究成果，來整理我們所搜羅到的漢語文書。應當説明的是，近年來中國國家圖書館、中國人民大學博物館、新疆博物館等國内收藏單位也陸續徵集到一些和田出土漢語、于闐語、藏語文書，這些文書正在整理當中，本文所論主要是域外所藏文書，只有在十分必要的地方，才會提到國内藏卷。

由於和田出土的一些文書是從挖寶人或商人手中得到的，有些是到和田一帶探險考察的人員從官僚、村民手中收購的，其出土地點往往不很明確。因此，我們整理這批文書的一項工作，就是探討有關文書的來源及其年代。

下面將我們找到的域外所藏和田出土文書分成幾組來考察。

---

① 新疆維吾爾自治區博物館《吐魯番縣阿斯塔那-哈拉和卓古墓群清理簡報》，《文物》1972年第1期。

1. 霍恩雷收集品（Hoernle Collection）

自從"鮑威爾寫本"以及隨後發現的"韋伯寫本"（Weber Manuscripts）的學術價值被確定以後，英國梵文學者霍恩雷博士敦促英屬印度政府，命令英、印駐外的外交人員兼做古物收集工作。於是，駐拉達克（首府列城）政治代表戈德福雷（S. H. Godfrey）、駐喀什噶爾負責中國事務的馬繼業（G. Macartney）等人，把陸陸續續從各處收羅到的古代寫本送到住在加爾各答的霍恩雷手中，形成所謂"霍恩雷收集品"。

霍恩雷收集品中主要是梵語、于闐語、龜兹語寫本，也包含一些"贋品"。根據他本人發表的收集品報告，其中共有13件漢語文書，2件是戈德福雷收集品，原編號是G.1號；10件是馬繼業收集品，原編號是M.9和M.3號[1]。

編號爲G.1的2件漢語文書的來源，據說是一批前往葉城（Yarkand）的帕坦（Pathān）商人在拉達克附近遇難，被戈德福雷救出，他們爲了答謝他的救命之恩，應戈德福雷的請求，不久以後寄給他一包古代寫本，據稱是在庫車附近的一座古城遺址中挖掘到的[2]。根據這個說法，我們似乎應當把G.1號2件漢語文書排除在和田文書之外。但是，如果我們深入地考察一下這批由帕坦商人寄贈給戈德福雷的文書的內容，就會改變這種看法。

根據霍恩雷《中亞寫本的第三批收集品》（"Three Further Collections of Central Asian Manuscripts"）一文的詳細報告，這批材料總共八組，計71件殘片。從霍恩雷以圖版形式刊出的17件標本來看，其所用語言除3件（Nos. 4, 5, 9）不知其名外，2件是貝葉形梵語寫經（Nos. 1-3），2件漢語文書（Nos. 16-17），其他9

---

① Hoernle 1901, pp.21-26.

② Hoernle 1897, pp.225-226; Hoernle 1901, pp.22, 25, 26.

件均爲于闐語文書，現已由貝利重新標爲Hoernle 6-10號，轉寫刊佈在他的《于闐語文獻集》第2集中。按照霍恩雷的分類，其他未刊的小碎片，也應當是于闐語寫本①。由此，我們自然會得出結論，這2件漢語文書和其他梵語、于闐語文獻一起，不是來自所謂的"庫車附近的古代遺址"，而是來源於和田周圍的古代遺址。還有，Hoernle 7（現編號Or.6397.1）有如下紀年：salī 20 māśtä cvātaja haḍā 13 ttye Hvaṃnä rrāṃdä Väśa' Vāhaṃ dadye ṣṣau Vidyadatta，意爲"于闐王Viśa' Vāhaṃ廿年一月十三日，此亦爲ṣṣau Vidyadatta之年"②。我們現在已經確切地考訂出Viśa' Vāhaṃ即唐代史籍所記載的于闐王尉遲曜，其在位時間從767年開始，最晚紀年文書到第三十六年（802年），Hoernel 7爲其在位第20年，即786年③。ṣṣau Vidyadatta其人又見於Hedin 26和Hedin 20號文書④。這些相關的于闐語文書大多來自六城（Kṣvā auvā）地區（詳下），戈德福雷收集品中的這幾件關於納税的文書，也應來自同一地區，即今和田東北的烏宗塔提和老達瑪溝一帶。其年代，應當多數屬於尉遲曜在位的767—802年間或前後不遠的時段中。

關於馬繼業收集的10件漢語文書的來源，據説是得自一個叫

---

① Hoernle 1897, pp.227-231, pls. VIII-XIV.參看*KT*, II, pp.66-68。應當指出的是，由於*Journal of the Asiatic Society of Bengal*編輯的失誤，Hoernle正文中所寫的Plates VIII-XIV，實際相當於該卷雜誌的Plates II-VIII。雜誌刊出後，可能發現了這個問題，所以一部分雜誌用和正文相應的Plates VIII-XIV的紙簽做了訂正，我們所使用的北京大學圖書館藏本既有此簽，但Bailey和M. J. Dresden所用的本子顯然就沒有訂正，見*KT*, II, p. vi; Dresden, "Khotanese (Saka) Manuscripts: A Provisional Handlist", *Varia 1976* (*Acta Iranica* 12), Téhéran-Liège-Leiden, 1977, pp.40-41。

② *KT*, II, p.66; *SD*, II, pl. XXVIII; *SDTV*, p.54.

③ 張廣達、榮新江1997，351—352頁。

④ *KT*, IV, pp.38, 34.

巴德魯丁(Badruddīn)的和田商人,但有關出土地的情況一無所
知。霍恩雷根據文書中屢次出現的地名"傑謝",推測他們來自和
田東北的丹丹烏里克(Dandan Uiliq)[1]。沙畹在刊佈其中3件文書
時,也把它們放在《丹丹烏里克的漢語文書》的總標題下[2]。但是,
M.9.a《唐大曆三年(768)三月典成銑牒》中,傑謝百姓稱"近日蒙
差使移到六城",似乎表明這組文書是隨著遷到六城地區的傑謝
百姓一起被帶到六城的,而不是直接從丹丹烏里克發現的。因此,
其中既有寫於傑謝的文書,又有完成於六城的文件。除了沙畹發表
的3件比較完整的漢語文書之外,其他的殘片的内容霍恩雷只做了
簡單的描述[3]。好在經過學者們的不懈努力,這些文書都已經陸續
整理刊佈出來了[4]。

2. 斯坦因收集品(Stein Collection)

斯坦因三次中亞探險所獲漢語文書構成了和田文書的主體,
這些寫本大多有比較確切的出土情況的描寫,所以對於歷史學研
究來説,較霍恩雷、斯文·赫定等其他收集品的價值更大,它們
也有助於我們對於和田出土漢語文書整體内容的理解和年代的
確定。

斯坦因第一次探險所獲漢語文書,主要出土於今和田東部沙
漠深處丹丹烏里克的古代房屋或寺廟遺址。丹丹烏里克,維吾爾語
意爲"象牙房",行政區劃屬和田地區策勒縣,南距策勒縣城約90
公里,西南距今和田城約120公里,西距和田河60公里,東距克里

---

① Hoernle 1901, pp.22–33.

② Chavannes 1907, pp.521–527.

③ Hoernle 1901, pp.24–26.

④ 王冀青1991,143—150頁;郭鋒1993,70—74頁;沙知、吳芳思2005②,
334—338頁。

雅河35公里，是塔克拉瑪干沙漠腹地古代于闐王國的一個邊鎮的遺址。根據實地考察所見遺迹和遺物的分佈情況，遺址區範圍在北緯37°45′13″~37°52′37″，東經81°00′20″~81°05′48″這一區域内，東西寬約2公里、南北長約10公里。在丹丹烏里克漫漫黄沙的地表下面，掩埋著代表古代文明的宗教廟宇和表現世俗權力的官府衙門，還有不同社會角色的人們的生活遺迹。

　　1900年12月12日，斯坦因在赫定記録的指引下，從塔瓦庫勒出發，向東進入沙漠。18日，斯坦因一行找到了丹丹烏里克遺址。從12月19日到翌年1月3日，斯坦因率領民工在這裏進行了大規模的發掘，清理或者部分清理了17座建築遺址（編號D.i-xvii），獲得大量古代文物和寫本文獻，包括壁畫、雕像、木板畫、梵語和于闐語寫本佛經、唐代建中至貞元年間（780—805）的漢語公私文書[1]。

　　根據斯坦因清理的建築遺址及其中出土的漢語、于闐語、梵語寫本材料，我們大致可以勾勒出丹丹烏里克遺址的性質，知道在唐代這裏是一個叫做“傑謝”的于闐軍鎮，另外還有一所叫“護國寺”的佛教寺院。斯坦因發掘的房址大體上集中在四個區域内，以下依據他的考古報告《古代和田》和後人比定出來的文書内容，來概述相關遺址的性質和功能。

　　丹丹烏里克遺址的西南部是建築物最集中的地方。最靠東面的D.ii房址明顯的是一座佛寺，有大小兩間殿堂。在D.ii的西面，位於這組遺址中部的一間房址是D.iii，爲一間略呈長方形的房子。在房間裏，斯坦因發現了一些散落的貝葉形梵語佛典，如《大般若波

---

① 關於斯坦因的考察記録，見A. Stein, *Sand-buried Ruins of Khotan*, London 1907, pp.270-324；殷晴等漢譯本《沙埋和闐廢墟記》，烏魯木齊：新疆美術攝影出版社，1994年，174—207頁。詳細報告，見Stein 1907, pp.236-303。

羅蜜多經》、《金剛般若波羅蜜經》[①]，還有于闐語《僧伽吒經》[②]、
《佛説首楞嚴三昧經》[③]。這些貝葉形的佛典殘片應當是屬於一個
佛寺圖書館的藏書，但它們是偶然散落在這間房子裏面的，因爲房
間靠東牆的地方是一個燒火做飯的竈臺，因此這裏一定是個伙
房。此外，這裏還出土一件于闐語世俗文書（編號D.iii.12），是關
於婚姻的案卷[④]，不知何故而遺棄於此。在D.ii和D.iii的西面是自
北向南排列的D.xi、D.x、D.xii三座房址，其中D.x是中間爲佛壇，
門向北開，四周爲回廊的佛殿，出土于闐語佛典，如《僧伽吒經》、
《首楞嚴三昧經》[⑤]。北面的D.xi已經被挖寶人掏空，没有任何發
現。南面的D.xii是一座佛殿，中間爲佛壇，四周爲回廊。由此看來，
丹丹烏里克西南區的D.ii、D.iii、D.x、D.xii房址都是佛寺，這裏顯
然是傑謝當地佛寺集中的地方。

　　丹丹烏里克遺址區的東北部，主要由一處較大的房址（D.v）
和一個小廟（D.iv）組成。D.v是由七間房屋構成的一個建築組合，
其中出土了一些漢語和于闐語文書[⑥]。斯坦因在撰寫考古報告時，
據當時沙畹已經解讀出的一些漢語文書的内容，如D.v.6《唐大曆
十六年（781）二月六城傑謝百姓思略牒》[⑦]，推測這裏是官人"思

① Stein 1907, pls. CVII–CVIII; Hoernle 1916, pp.176–195, pl. XXI:1.

② Stein 1907, pl. CX; *KT*, V, pp.69–70; G. Canevascini, *The Khotanese Sanghā-tasūtra. A Critical Edition (Beiträge zur Iranistik 14)*, Wiesbaden 1993.

③ *KT*, V, pp.256–257; R. E. Emmerick, *The Khotanese Śūrangamasa-mādhisūtra (London Oriental Series 23)*, London, 1970.

④ Stein 1907, pl. CX; *KT*, III, pp.137–138; Skjærvø 2002, p.167.

⑤ *KT*, V, p.261; R. E. Emmerick, *The Khotanese Śūrangamasa-mādhisūtra*; G. Canevascini, *The Khotanese Sanghātasūtra.*

⑥ Stein 1907, p.266.

⑦ Chavannes 1907, pp.521–525.

略"暫時或長期使用的官衙①。現在,我們根據斯坦因從這間房子裏發掘到的思略文書,以及推測是來自同一房址的M.9.c(Hoernle 3)《唐建中七年(786)七月蘇門悌舉錢契》附同年十月五日傑謝薩波斯略條記,得知8世紀後半葉在這裏居住的主要人物,就是文書中提到的思略(或作斯略,于闐文作Sīḍaka)其人,他曾先後任傑謝地區的"城主"(auva-haṃdasta)、薩波(spāta,首領)等職,是管理當地行政事務的主要人員②。斯坦因在同一房址發現的D.v.4號于闐語文書,是spāta Tturgasi致spāta Sīḍaka(薩波斯略)的書信③,證明了這裏就是思略的住所或官衙。從這所房子有七間來看,把它們看作是傑謝地區的行政官府所在地更爲合適,當然其中也應當有思略的住所。在這些房間中,斯坦因還發現有梵語佛典、于闐語文書(D.v.3)、漢語木簡文書(D.v.5)④,以及一些生活用具等。其中,D.v.3正面文書提到spāta Devaka和地名Phema(媲摩),背面是關於派人往Phema送牛皮的文書⑤。

在D.v東北不遠處的D.xiv是由三間小房子構成的一個遺址,已經被挖寶人徹底地發掘過了,其中出土的一些文書已經進入"霍恩雷收集品"。位於D.v房址正南十多米處的D.iv,是一個東向開門的回字形佛殿遺址。斯坦因在這裏發現了兩塊木板畫和一些梵語經典的寫本以及于闐語的世俗文書。D.iv應當是附屬於D.v大房子的一個宗教建築,它很可能是供這所大房子的主人——傑謝地區的行政官吏們進行佛事活動的蘭若。

丹丹烏里克遺址東南部,有兩座南北相距很近的建築。北面的一座編號D.vii,包括三間房屋,其中兩間有佛壇。這個房址裏

---

① Stein 1907, p.268.

② 關於斯略,參看張廣達、榮新江1997, 350—351頁。

③ Stein 1907, p.269; *KT*, V, pp.259-260; *SDTV*, pp.40-41, 42-43.

④ Stein 1907, pl. CVI所存漢字,模糊不清。

⑤ Stein 1907, pl. CVI; Skjærvø 2002, pp.164, 170-171, 559-560.

面發現了漢語契約文書多件, 包括D.vii.4.a是《唐大曆十七年
(782)閏三月行官霍昕悦便粟契》, 粟主爲護國寺僧虔英;
D.vii.3.a《唐大曆年間許十四舉錢契》, D.vii.2《唐建中三年
(782)七月健兒馬令莊舉錢契》, D.vii.4.e+D.vii.4.d《唐建中八
年(787)四月蘇某負錢契》, D.vii.4.f《唐護國寺計算所狀》,
D.vii.7《唐護國寺三綱帖爲外巡僧大晉領家人刘草澆田事》①。
斯坦因根據上舉最後一件D.vii.7《護國寺三綱帖》中提到"外巡
僧"的内容, 認爲這裏是照看護國寺莊園的職事僧的住地②。我們
根據這些文書中有的有護國寺的三綱具名, 有的有護國寺上座的
判詞, 而且還有本寺計算所的牒狀, 認爲很可能這裏就是護國寺
的一部分。從文書中記載的寺名和僧名, 似乎可以認爲護國寺是
隨著唐朝勢力的到來而建立的一所漢人主持的寺院③。這組建築
既是僧人起居生活的場所, 同時也是他們供養佛像、修習法事的
地方。在D.vii房址的南面, 是編號爲D.vi的北向開門的回字形佛
殿遺址。這裏發現了兩塊木板畫和梵語佛典及于闐語文書殘片。
從門的朝向和内容來看, 可以推斷D.vi是D.vii的附屬宗教建築,
即護國寺僧人做佛事的地方。

在丹丹烏里克遺址中部偏西北的位置上, 有斯坦因編號爲
D.viii的房址, 其中發現兩件漢語文書和于闐語文書殘片④。其北面
還有一座斯坦因編號爲D.xiii的遺址, 和D.viii一樣, 已經被挖寶者
挖掘得沒有什麽重要的發現了。此外, 斯坦因編號爲D.xvi和D.xvii
的兩座佛殿遺址, 也被挖寶人挖空。

---

①Chavannes 1907, pp.526–532; 陳國燦1994, 544—555、557頁。

②Stein 1907, pp.274–277, 298–299.

③張廣達、榮新江《于闐佛寺志》,《世界宗教研究》1986年第3期, 此據《于
　闐史叢考》(增訂本), 237頁。

④Stein 1907, p.277. 漢文見陳國燦1994, 558—559頁; 于闐文見*KT*, V, p.260。

　　這批文書的紀年，始於大曆十六年（即建中二年，781年），終於貞元六年（790）。斯坦因指出，與之同時出土的于闐語文書也應屬於同一時期①。此外，斯坦因還根據文書提供的年代下限，以及隨之而來的吐蕃對于闐的佔領，同時考慮到這裏水道的變遷和地理環境的變化，認爲丹丹烏里克（也即古代傑謝）的廢棄當在790年以後不久②。

　　斯坦因在第一次探險中發現的另外一組漢文材料，是安迪爾（Endere）佛寺遺址牆壁上的兩條銘文和在塑像旁邊找到的三件文書殘片，其中之一有紀年殘文，他認爲是“開元七年”（719）③。森安孝夫認爲更可能是“貞元七年”（791）④。據當時的歷史情境，筆者認爲貞元七年更加合適。

　　在此應當指出的是，斯坦因第一次探險所獲和田出土漢語文書，後來被英國博物館歸入斯坦因第二次中亞考察從敦煌携歸的漢語寫本中做了統一編號（Or.8210/S.），有些還編入第三次中亞考察所獲文書編號（Or.8212）之中，這種處理方法容易誤導人們把和田文書當作敦煌文書來處理，甚至由此得出錯誤的結論⑤。

　　斯坦因第二次中亞考察過程中收集的漢語文書，比較完整的寫本和木簡由沙畹刊佈在《斯坦因在新疆沙漠中發現的漢文文書》一書中⑥，其來源有三。

---

① Stein 1907, p.271.

② Stein 1907, pp.284–288.

③ Stein 1907, pp.427–428.

④ 森安孝夫1984, 49—50頁。

⑤ 參看榮新江1996, 13—14頁。

⑥ Chavannes 1913, pp.209–219. 按沙畹的順序編號951, 952……即原英國博物館的Department of Oriental Printed Books and Manuscripts的登録號Or.8211/951, Or.8211/952……，見H. J. Goodacre and A. P. Pritchard合編的 *Guide to the Department of Oriental Manuscripts and Printed* （轉下頁）

　　大部分文書是在今和田北方麻札塔格（Mazar Tagh）古堡遺址附近的一座垃圾堆裏找到的，這裏出土文書十分豐富，既有漢語文書，又有大量的于闐語和藏語文書①。藏語文書大多是吐蕃佔領這一地區時留下的，年代在9世紀初葉以後②。于闐語文書則唐朝、吐蕃時期的均有③。漢語文書有建中七年（即貞元二年，786）的紀年，表明這些漢語文書是唐朝佔領于闐時期的遺物。

　　麻札塔格，于闐語用表示"山"的普通名詞gara而來的gari來稱呼這裏④，古藏文文書則用Shing-shan指稱此地⑤。貝利指出，Hedin 24的"神山"正是藏文Shing-shan的來源⑥。神山見《新唐書》卷四三《地理志》保存的賈耽《皇華四達記》，是從撥換（阿克蘇）到于闐道路上的一個重要地點。麻札塔格位於塔克拉瑪干大沙漠的西部，地處東經79°44′~80°48′，北緯38°27′至38°44′之間，是大沙漠中最大的一座山體，大致呈東西走向，山體寬約2~8公里，相對高度100~400米。其東部緊臨和田河岸，在臨河處有兩個山嘴，南側陡峭，北側舒緩，頗有氣勢。北邊的山嘴由白雲石組成，呈白色；南邊的山嘴由紅砂泥岩組成，呈紅色。因此，當地人又稱之爲紅白山。在紅山嘴上有古戍堡一座，緊依山體北面順坡壘築，

　　（接上頁）*Books*, Oxford, 1977, p.64。但此處指稱沙畹發表的Or.8211編號文書是斯坦因第一次探險所得，似不正確。沙畹此書刊佈的文獻包含斯坦因第一、第二次探險所獲文書。

① Stein 1921, pp.1288–1291.

② 部分文書由托馬斯（F. W. Thomas）發表，見*TLTD*, II, pp.167–260.

③ *KT*, II, pp.71–72; *KT*, I–III, pp.146–147, 149; *KT*, V, pp.192–226, 385–387; 以及 Skjærvø 2002相關部分。

④ S. Konow, "A Saka Name of Mazar-tagh", *A Volume of Eastern and Indian Studies presented to Professor F. W. Thomas on his 72nd Birthday*. ed. by S. M. Kater & P. K. Gode, Bambay 1939, pp.146–147.

⑤ *TLTD*, II, pp.198–212.

⑥ *KT*, IV, p.93.

南憑陡峭斷岩，東近河岸，形勢險要。古戍堡之西，在同一山脊上約50米處有烽燧臺一座。戍堡和烽燧屬於唐代，唐朝文書稱之爲"神山堡"，一直沿用到吐蕃佔領時期，戍堡下方有後來修建的麻札，故名麻札塔格（麻札維吾爾語意爲"墳"，塔格意爲"山"）。西方探險家和黄文弼先後在這裏做過發掘，出土了漢語、于闐語、藏語、粟特語等文書。

另一處文書來源地老達瑪溝（Old Domoko），是一個遺址分佈廣泛的地區，在今和田東北沙磧中，距今天的新達瑪溝村約15公里。斯坦因在這個地區記録了法哈特·伯克·亞依拉克（Farhād-Bēg-yailaki）、老達瑪溝、烏宗塔提（Uzun Tati）、吳六雜提麻札（又稱Ulūgh Mazār）等四處遺址群。斯坦因和赫定在地圖上以大字標示"老達瑪溝"這一地名[1]，表明它是這一帶的總稱。據郭鋒調查，共有達瑪溝編號（Dom.）的漢語文書14件，皆爲殘片[2]。另外，斯坦因在老達瑪溝東南的麻札托格拉克（Mazar Toghrak）發掘到大約五十枚漢語木簡，有些則伴有婆羅謎文字，沙畹只公佈了其中的一小部分，後來藤田高夫、荒川正晴陸續有整理，但仍有很多簡文没有釋録[3]。據斯坦因推測，這些遺物當屬於唐朝統治塔里木盆地時期的東西[4]。

位於和田緑洲的東部、策勒縣達瑪溝村附近的巴拉瓦斯特（Balawaste）遺址，包括一間房屋、兩間厩舍以及一座寺院的遺址。斯坦因在兩間厩舍的一間裏面，發現了3塊保存良好的寫在木簡上的漢語文書[5]。在巴拉瓦斯特遺址以南約1.5英里的喀達里克

① Sven Hedin, *Central Asia Atlas*, Statens Etnografiska Museum, Stockholm, 1966, NJ44.

② 郭鋒1993，62—70頁。

③ Chavannes 1913, p.218；藤田高夫2001；荒川正晴2011；荒川正晴2014。

④ Stein 1921, pp.205—207.

⑤ Stein 1921, p.197；Chavannes 1913, p.218.

（Khadalik）遺址，斯坦因發現一組寺院遺迹，其中出土了許多婆羅謎文書寫的梵語佛典，但也發現一件漢語的《大般若波羅蜜多經》。

斯坦因第三次中亞探險期間，在和田的工作不多，但還是有相當的收穫。他又一次發掘了麻札塔格古堡，并且清理了古堡下方的佛寺遺址，得到不少漢語、于闐語、藏語文書，還從Kāsim Akhūn那裏得到一些麻札塔格出土的寫本①。

另外，他還在老達瑪溝地區的巴拉瓦斯特從事了發掘。1915年6月回到喀什噶爾時，從巴德魯丁·汗（Badruddīn Khān）處購得一部分巴拉瓦斯特出土文物②。

斯坦因第三次中亞探險所獲和田漢語文書和吐魯番、樓蘭、黑水城所獲得的文書一起，由馬伯樂整理，其中相對比較大一些的殘片，最後在1953年刊佈在他所編著的《斯坦因第三次中亞探險所獲漢文文書》一書中，但不全面③。1993年郭鋒到英國圖書館調查後，出版了《斯坦因第三次中亞探險所獲甘肅新疆出土漢文文書——未經馬斯伯樂刊佈的部分》，未附圖版④。1994年，陳國燦利用日本東洋文庫保存的照片，也在《斯坦因所獲吐魯番文書研究》中，附録了部分和田出土文書，其中包括筆者據原卷録文的成果⑤。但還有一些殘片混編入敦煌卷子編號當中，圖版已隨《英藏敦煌文獻》公佈⑥。最後在2005年，由沙知、吳芳思出版《斯坦因

①Stein 1928, pp.92–94.
②Stein 1928, p.130.
③Maspero 1953, pp.186–191.
④郭鋒1993, 31—70頁。
⑤陳國燦1994, 480—567頁。
⑥榮新江《英國圖書館藏敦煌漢文非佛教文獻殘卷目録（S.6981–13624）》，臺北新文豐出版公司，1994年，130頁，No.9464。圖版見《英藏敦煌文獻》第14卷，298—299頁。

第三次中亞考古所獲漢文文獻（非佛經部分）》一書，收錄了幾乎所有這次考察所獲漢語非佛經文書的録文和圖版，但作者慎重起見，沒有給録文加標點，整理工作還是沒有最終到位。

除了以上三批漢語文書外，還應當提到Dumaqu C和Dumaqu D兩件漢語于闐語雙語文書。這兩件文書是斯坦因1931年第四次中亞探險時所得，但因爲中國學術團體的反對，最後他被吊銷護照，趕出中國，所得文物移交給喀什的中國政府官員，但目前原物不知所在。斯坦因帶回的照片，收藏在倫敦的英國外交部所屬印度事務部圖書館（India Office Library），貝利據此刊佈了它們的圖版和金子良太的録文①。這批漢文材料的照片，後來在英國圖書館尋獲，並由王冀青整理公佈②。值得注意的是，這兩件文書和下述的Hedin 15, Hedin 16號文書屬於同一組。

3. 赫定收集品（Hedin Collection）

貝利教授在1961年出版的《于闐語文獻集》第4集（KT, IV）中，刊佈了斯德哥爾摩的瑞典人種學博物館（The Ethnographical Museum of Sweden）所藏的紙本和木簡于闐語文書75件，其中3件是漢語于闐語雙語文書（Hedin 15, 16, 24），漢語部分分別由哈隆（G. Haloun）和蒲立本（E. G. Pulleyblank）做了録文和考釋③。還有一件于闐語佛教文獻（Hedin 22）的背面，有"開元十八年三〔月〕"的字樣④。此外，屬於同組的有一枚只有漢字的木簡文書，

---

①SD, IV, pl. XCVI; SDTV, p.123.

②王冀青1998, 263—264頁; Wang Jiqing 1998, pp.39, 70.

③KT, IV, pp.136–138, 173–178.

④KT, IV, p.129.

有"永泰三年"紀年，但没有收入貝利書中①。

關於赫定收集品的出土地點，貝利在《于闐語文獻集》第4集的序言中説到，這些文書是由斯文·赫定（Sven Hedin）、諾林（Erik Norin）和安博爾特（Nils Ambolt）等人在和田得到的，但没有確切的記録這些文書來源的考察報告。我們知道赫定早在1896年就進入和田進行地理考察，並且深入塔克拉瑪干沙漠，發掘了丹丹烏里克遺址。根據他的考察報告，他曾經在和田買到一些杭桂雅（Hanguja）以東沙漠中出土的梵語和于闐語寫本②，其中兩件已經由施密特（H. Smith）發表③。筆者在1985年前往瑞典人種學博物館調查時，曾見到該館編製的赫定、諾林、安博爾特等人新疆所得寫本草目（Proviscrisk Katalog），其中提示所謂"赫定收集品"中的于闐語和漢語文書，主要是安博爾特在1929—1932年間在新疆考察時得到的。在此期間，他曾數次出入和田地區④，這些寫本或許就是在當地購買的。

與Hedin 15、Hedin 16號文書内容完全一致的Dumaqu C，Dumaqu D號文書，爲我們確定"赫定文書"的出土地點提供了一

①圖版見張廣達、榮新江1988b，76頁；《于闐史叢考》，85—86頁。瑞典人種學博物館還有幾件似是而非的"漢文"木簡文書，收入日本書道教育會議編《樓蘭發現殘紙·木牘》（東京，1988年）一書，127—128頁。林梅村1993，91，95—96頁據此加以考釋；Kumamoto 1996, p.30正確地指出它們實係贗品。

②S. Hedin, *En färd genom Asien 1893–1897*, vol. 2, Stockholm 1898, p.96. 參看G. Montell, "Sven Hedin's Archaeological Collections from Khotan (I)", *Bulletin of the Museum of Far Eastern Antiquities*, VII, 1935, p.151.

③H. Smith, "Appendix to 'Sven Hedin's Archaeological Collections from Khotan II' by G.Montell", *Bulletin of the Museum of Far Eastern Antiquities*, X, 1938, pp.101–102; pls. IX–X.

④N. Ambolt, *Latitude and Longitude Determinations in Eastern Turkestan and Northern Tibet derived from Astronomical Observations*, Stockholm, 1938, p.12.

把鑰匙。Dumaqu即Domoko（達瑪溝）的不同拼法，這些記載六城
官吏、百姓納稅的文書，應當就出土於今老達瑪溝一帶，從"赫定
文書"以及與之屬於同一組的英國圖書館所藏Or.11252、
Or.11344、Or.9268等組文書來看①，這一帶總稱六城（Kṣvā
auvā），其下至少有坎城或媲摩（Phema，見Hedin 24）、質邏
（Cira，見Hedin 13, Hedin 21, M.9.a）、潘野（Phaṃña，見Hedin
16）等城鎮。其中的媲摩，斯坦因比定在烏宗塔提；"質邏"一名以
"策勒"（Chīra）的寫法一直保持至今，古代的質邏應當在今策勒
縣城北面不遠的地方。由此我們可以大致確定古代六城的地理範
圍，即今策勒縣治和達瑪溝鄉之間，北以烏宗塔提爲界的區域内，
著名的遺址如巴拉瓦斯特、喀達里克、老達瑪溝等都分佈在這一
範圍内②，"赫定文書"應當就是出土於這一帶的遺址當中。

關於"赫定文書"的年代，蒲立本教授在《于闐語文獻集》第4
集的附錄中，根據Hedin 15, 16號文書中的漢文紀年"巳年"相當
於于闐語的30 5mye kṣuṇi（在位第35年），推斷Hedin 24的
"五十四年"必爲鼠年，又根據漢曆閏四月的可能年份，同時考慮
漢文史料記載了713—760年間有五位于闐國王，因而認爲這裏的
"閏四月"只能放在吐蕃統治以後的904年的閏四月，於是得出
851—912年應當有一個在位超過五十四年的于闐王統治期③。

然而，從Hedin 24號漢文牒文的格式、用詞來看，和M.9.a《唐
大曆三年（768）三月典成銑牒》、D.v.6《唐大曆十六年（781）二月
六城傑謝百姓思略牒》等文書一樣，完全是按照唐朝《公式令》中
的《牒式》寫成的④，蒲立本所録"□五十四年"其實無法成立，而

---

① *KT*, II, pp.15–29, 30–38, 13–14.
② 關於六城的後續討論，參看文欣2008，109—126頁。
③ *KT*, IV, pp.179–181.
④ 敦煌發現的《唐公式令·牒式》（P.2819），見T. Yamamoto, O. Ikeda and Okano (eds.), *Tun-huang and Turfan Documents Concerning*（轉下頁）

且在貝利刊佈的圖版上[1]，也很難確定蒲氏的讀法。實際上，這裏的 "□五" 很可能是一個唐朝的年號。我們曾根據 "閏四月" 考慮這件文書是唐肅宗 "乾元三年（760）" 的可能性[2]，後來得到斯德哥爾摩大學羅信（S. Rosen）教授提供的Hedin 24的更爲清楚一些的照片，結合安史之亂後于闐的王統變化，以及當地曆日置閏的情況，最終認爲Hedin 24的年代是 "貞元十四年（798）閏四月"，並將其放入尉遲曜王所有已知紀年文書的系列當中[3]。從 "赫定收集品" 中于闐語、漢語文書的整體情況來看，無疑表現出强烈的唐朝政治、經濟制度的影響[4]。因此，這些漢語和于闐語文書也和上述霍恩雷、斯坦因收集品一樣，屬於于闐被吐蕃佔領前的唐朝統治時期。關於這一帶遺址的唐代文化層的年代下限，斯坦因在他的第二次中亞探險考察報告《西域考古圖記》中，曾推測應當在公元8世紀，和丹丹烏里克的放棄年代應屬同時[5]。後來的許多中亞藝術史家，都把斯坦因、哈丁（Harding）等人收集品中喀達里克、巴拉瓦斯特佛寺出土的壁畫與丹丹烏里克出土的壁畫或木板畫等量齊觀，將其年代斷定在公元7、8世紀唐朝統治西域的時期[6]。

當然，也不排除一些于闐語文書進入到吐蕃統治時期。在 "赫

（接上頁）*Social and Economic History*, I. Legal Texts (A), Tokyo 1980, p.29;(B), Tokyo, 1978, pp.56–57.

[1] *SD*, I, pl. VII.

[2] 張廣達、榮新江1988b; 此據《于闐史叢考》（增訂本），59—67頁。

[3] 張廣達、榮新江1997, 339—361頁。

[4] 關於這種影響，可以參看Jes P. Asmussen爲*KT*, IV所寫的書評，見*Journal of the Royal Asiatic Society*, 1962, pp.95–96。

[5] Stein 1921, p.207.

[6] 參看熊谷宣夫《西域の美術》，《西域文化研究》第五，京都: 法藏館，1962年，92—98頁; J. Williams, "The Iconography of Khotanese Painting", *East and West*, n. s., XXIII.1–2, 1973, pp.109–112; M. Bussagli, *La peinture de l'Asie Centrale*, Genève, 1978, pp.52, 55, 60.

定文書"中的Hedin 1, 3, 11等號文書中, 都有spāta sudārrjāṃ一名①, 同組的Or.11252/37號背面第3行也有此名②。值得注意的是, Or.11252/37文書的末尾用藏文寫有spa sor-zhong, 貝利早就將其比定爲于闐文的spāta sudārrjāṃ, 並推測這些與spāta sudārrjāṃ有關的文書應當是吐蕃征服于闐以後的産物③。此名的藏文形式還見於"赫定收集品"中的一件藏文文書Hedin Tib. 2號第2行: bu-lon li sar-zhong④, 表明他是一個跨越唐朝統治和吐蕃統治年代的人物。迄今爲止, 我們還没有看到漢語文書有延續到吐蕃統治時期的情況。

4. 俄國收集品 (Russian Collecion)

過去學術界只知道聖彼得堡東方學研究所 (St. Petersburg Branch of the Institute of Oriental Studies of Russian Academy of Sciences) 藏有于闐語世俗文書, 但對於還藏有和田出土漢語文書則一無所知。1990年, 在意大利舉行的"吐魯番敦煌文獻學術討論會"上, 沃羅比耶娃－捷夏托夫斯卡婭 (M. I. Vorob'ëva-Desjatovskaja) 發表了關於列寧格勒所藏丹丹烏里克出土于闐語世俗文書的概述⑤,

①*KT*, IV, p.21, 22, 27, 56.

②*KT*, II, p.28.

③H. W. Bailey, "Hvatanica", *Bulletin of the School of Oriental Studies*, VIII.4, 1937, pp.934-935.

④H. W. Bailey, "Taklamakan Miscellany", *Bulletin of the School of Oriental and African Studies*, XXXVI.2 (1973), pl. VII.

⑤M. I. Vorob'ëva-Desjatovskaja, "The Leningrad Collection of the Sakish Business Documents and the Problem of the Investigation of Central Asian Texts", *Turfan and Tun-huang. The Texts*, ed. by A. Cadonna, Firenze 1992, pp.85-92.

繼而她與恩默瑞克（R. E. Emmerick）連續刊佈聖彼得堡藏于闐語文書①，其中多件文書上有漢名或漢字畫押，使人們聯想到與這些于闐語文書在一起的應當還有漢語文書。1995年5—7月，敦煌研究院施萍婷教授考察俄藏敦煌文獻，抄出若干和田出土漢語文書，録入《俄藏敦煌文獻經眼録（二）》②。以後，東京大學熊本裕教授從聖彼得堡攝回一些漢語文書照片，他曾就其中一件漢語于闐語雙語文書做過考釋，並把一些照片交給在巴黎的張廣達先生，提供給我們考釋發表。2001年上海古籍出版社出版了《俄藏敦煌文獻》第17册，已將編入Дx.18915—Дx.18942的這組文書的圖版發表。

這批編在Дx（敦煌）號碼下面的和田出土文書，可能是19世紀末20世紀初俄國駐喀什總領事彼得羅夫斯基（Petrovsky）從和田地區的挖寶人那裏買到的，其中Дx.18916，Дx.18926，Дx.18927，Дx.18928，Дx.18930，Дx.18931六件上面有于闐語的文書，原編作一個號碼SI P 149，即表明來自彼得羅夫斯基收集品。後來這六件文書與没有于闐語而只寫漢語的文書一起，全部編到Дx號碼之下。熊本裕教授曾把SI P 93.22殘片拼接到Дx.18926和Дx.18928兩件文書中間的上部，這一點得到沃羅比耶娃－捷夏托夫斯卡婭據原件的確認，於是得到Дx.18926+SI P 93.22+Дx.18928三件殘片綴合爲基本完整的《唐大曆十六年（781）傑謝合川百姓勃門羅濟賣野駝契》，他對這件雙語文書做了專題考釋③。

至於這批從和田買到的漢語或漢語于闐語雙語文書的具體出土地點，因爲大多數文書中都提到"傑謝"，其内容既有傑謝所屬的質邏六城州的行政公文，也有傑謝鎮及其上級機構守捉的往來

---

① *SD*, VII; *SDTV*, III.

② 施萍婷1997，328—330頁。但她没有指出此係和田出土文書。

③ Kumamoto 2001. 按SI P 93.22殘片，圖版和轉寫翻譯見*SD* VII, pl. 67e; *SDTV* III, p.94, No. 112。

牒狀,還有當地百姓和士兵日常生活所留下的各類文書和雜寫,所以應當和彼得羅夫斯基收集品中的于闐語文書一樣,主要是來自丹丹烏里克,即唐朝在于闐王國東北邊界所設的傑謝鎮。

這批文書有不少原有紀年,如大曆三(?)年(768)、大曆十四年(779)、大曆十七年(782)、貞元四年(788),甚至可能有貞元十(?)年(794);有些可以考證出大致的年代,如Дx.18923《唐傑謝首領薩波思略牒爲尋驢事》,從思略的"薩波"稱號,參照我們根據和田出土文書編製的《思略年表》[①],可以將本文書放在建中六年(785)以後。因此,這些文書的年代與上述霍恩雷、斯坦因、赫定收集品都是在同樣的唐朝統治于闐時期。

筆者與張廣達先生曾合撰《聖彼得堡藏和田出土漢文文書考釋》,對上述文書做了初步整理與研究[②]。此後,又有數次機會造訪現在稱作聖彼得堡東方文獻研究所(Institute of Oriental Manuscripts, Russian Academy of Science, St. Petersburg)的文書收藏地,對照原件對錄文做了校對,形成本書的樣貌。

5. 德國吐魯番探險隊收集品 (Collection of German Turfan Expedition)

1913—1914年勒柯克(Albert von Le Coq)率領的德國第四次吐魯番探險隊,其實沒有去過吐魯番,也沒有去過和田,主要工作在巴楚和庫車地區,但在經過喀什噶爾時,從英國總領事馬繼業手中,得到若干和田出土的漢語文書,入藏柏林民俗學博物館,現藏德國國家圖書館(Staatsbibliothek Preussischer Kulturbesitz),編在 T IV Chotan號下,計有5件。

---

①張廣達、榮新江1997, 351頁。
②張廣達、榮新江2002, 221—241頁。

6. 弗蘭克收集品（Francke Collection）

　　摩拉維亞教派傳教士弗蘭克（August Hermann Francke），長期在西藏地區傳教，同時研究藏學。1914年，他與同伴科爾伯（Hans Körber）一道從喀什經葉城到和田旅行，從當地居民手中收購到各種各樣的文物和文獻資料①。1928年入藏慕尼黑人種學博物館（Staatliche Musuem für Völkerkunde），但長期沒有受到學術界的注意。1981年，漢堡大學格羅普（Gerd Gropp）教授在該館調查時發現，弗蘭克收集品包括人種學、伊斯蘭藝術、粟特語景教碑、喀什、和田地區所得考古藝術品和古代文書，其中最後一項中有約350件漢語、梵語、藏語、粟特語寫本②。目前編號文書中，Ho.1–96得自英國駐喀什總領事之手，Do.1–96得自出身於達瑪溝的和田商人，Kh.（或Kha.）1–140與Kh.001–124是從和田人Aksakal手中得到的，其中都有若干漢語文書。此外還有Maz.T編號文書是從商人手中購得的麻札塔格遺址出土文書，這部分没有漢語寫本。

　　1985年，筆者走訪漢堡大學，曾從格羅普教授那裏瞭解到一些弗蘭克收集品的信息，又在恩默瑞克教授家裏，看到于闐語、梵語和藏語文書，於漢語文書不甚了然。2002年，京都大學西脇常記教授前往慕尼黑調查，並録出三十餘片漢語文書上的文字③。2014年，該館更名爲五洲博物館（Museum Fünf Kontinente）。2017年，

---

① A. H. Francke, *Durch Zentralasien in die indische Gefangenschaft*, Herrenhut, 1921.

② G. Gropp, "Eine neuentdeckte Sammlung khotanesischer Handschriftenfragmente in Deutschland", *Middle Iranian Studies, Proceedings of the International Symposium organized by the Katholieke Universiteit Leuven from the 17th to the 20th May 1982*, ed. W. Skalmowski & A. van Tongerloo, Leuven, 1984, pp.174–150.

③ 西脇常記2009, 237—246頁。

筆者與段晴教授等一行走訪該館，將全部漢語文書重新校録一遍，即本書所收文本的來歷。

7. 大谷收集品（Otani Collection）

1902—1914年之間，日本京都西本願寺宗主大谷光瑞曾三次派遣弟子前往中亞考察，步西方列强之後，攫取西域出土文物。其中有多名隊員曾到達和田，收集古物。但大谷探險隊没有考古學訓練，對收集的古物的來歷也缺乏記録。目前所知，有5件漢語文獻爲大谷探險隊所得，其中1件《古文尚書正義》卷八商書太甲上第五殘片，早在1915年就刊佈在《西域考古圖譜》中了，其他4件文書，後入藏龍谷大學圖書館，因爲有"和闐"標籤，故此知道是和田文書，現已收入小田義久編《大谷文書集成》壹中。

8. 中國公私散藏收集品（Chinese Official and Private Collections）

最近二三十年來，又有不少和田出土漢語文書流出，中國國家圖書館、中國人民大學博物館、新疆維吾爾自治區博物館都先後獲得數量多少不等的捐贈。還有一些散藏文書，收藏在吐魯番地區博物館及和田、北京的私人收藏者手中。其中吐魯番博物館的藏品，我們在整理《新獲吐魯番出土文獻》（中華書局，2008年）時，已經將其整理，以附録收入。和田私人收藏的4枚漢語于闐語雙語木簡，漢語部分早就發表[①]；筆者和文欣合作，據照片對雙語文字做

---

①艾再孜·阿布都熱西提1998，104頁。

了透徹的整理與研究①。此外, 我們在北京一收藏家那裏看到兩件文書, 當時做了録文。後來張銘心、陳浩《唐代鄉里制在于闐的實施及相關問題研究》發表了其中一件的録文和研究②。

以上對除了中國國家圖書館、中國人民大學博物館、新疆維吾爾自治區博物館藏卷之外的已知海内外和田出土漢語文書做了概要介紹, 重點在於整理這些文書的來歷和年代, 基本上可以確定它們都是唐朝統治于闐的產物, 從開元年代到貞元末年之間, 是研究唐朝統治于闐的最直接的第一手材料。

附: 本書所收唐代于闐漢語文書紀年表

公元	文 書 時 間	編 號
721—722	〔開元九年〕十月廿六日至〔十年〕正月廿二日	M.T.b.009
727	〔開元十五年〕四月	M.T.25(Or.8211/1734)
727	〔開元〕十五年八月廿二日	M.T.70(Or.8211/975)
727	〔開元〕十五年八月廿四日	M.T.40(Or.8211/976)
727	〔開元〕十五年八月	M.T.44(Or.8211/979)
727	〔開元〕十五年八月	M.T.56(Or.8211/1754c)
727	開元十五年九月十一日	和田某氏藏01
727	開元十五年九月十三日	和田某氏藏02

---

① 榮新江、文欣2009, 57—58頁, 彩版2; Rong and Wen 2009, pp.104-105, 118 (figs. 8-9).
② 張銘心、陳浩2010, 1—10頁。

續表

公元	文 書 時 間	編 號
727	開元十五年九月廿四日	和田某氏藏03
727	〔開元十五年〕九月	M.T.43（Or.8211/1744）
727	〔開元〕十五年閏九月十日	M.T.26（Or.8211/978）
727	〔開元〕十五年閏九月十五〔日〕	M.T.34（Or.8211/1739a）
727	〔開元〕十五年閏九月	M.T.33（Or.8211/1738）
727	〔開元〕十五年閏九月	M.T.50（Or.8211/1749）
727	開元十五年十月十日	和田某氏藏04
727	〔開元十五年〕十月廿九日	M.T.29（Or.8211/1765b）
727	〔開元〕十五年十月□日	M.T.37（Or.8211/977）
727	〔開元十五年〕十月	M.T.45（Or.8211/1746）
727	〔開元十五年〕□□廿五日	M.T.39（Or.8211/1742b）
727	〔開元〕十五年	M.T.52（Or.8211/1751）
727	〔開元〕十五年	M.T.53（Or.8211/1752）
727	〔開元〕十五年	M.T.59（Or.8211/1756b）
727	〔開元〕十五年	M.T.63（Or.8211/980）
727	〔開元〕十五年	M.T.73（Or.8211/1758）
729	開元十七年五月十四日	吐魯番地區博物館藏02
730	開元十八年三〔月〕	Hedin 22v.
738	開元廿六年六月十三日	M.T.0114（Or.8212/1530）

續表

公元	文　書　時　間	編　　號
741	開元廿九年四月廿一日	Do.9（FK209e）
745	天寶四載十一月廿四日	Do.8（FK209d）
746	〔天寶〕五載二月	M.T.0111（Or.8212/1531）
747	天寶六載十月一日	M.T. 0129（Or.8212/1514）
748	〔天〕寶七載十二月	M.T.0103（Or.8212/1536）
754	〔天〕寶十三載二月七日	M.T.0127（Or.8212/1512）
754	天寶十三〔載〕	M.T.0122（Or.8212/1541）
767	永泰三年正月五日	Hedin Collection 41.33.52
767	永〔泰〕三〔年〕九月十九〔日〕	Hedin 73v
768	大曆三（？）年正月	Дх .18929
768	大曆三年三月廿三日	H.1（M.9.a/Or.6405）
772	大曆七年十月廿八日	Balaw.0160（Or.8212/702）
775	大曆十年正月廿八日	無原編號（Or.8210/S.9464r）
775	〔大曆〕十〔年〕六月四〔日〕	IOL Khot W 59/1+2, H.150.viii
775	大〔曆〕十〔年〕七月十七日	IOL Khot W 43
775	大〔曆〕十〔年〕八月四日	Balawaste 009（Or.8211/981）
775	大〔曆〕十〔年〕八月四日	Balawaste 0010（Or.8211/982）
775	大〔曆〕十〔年〕八月四日	Balawaste 0011（Or.8211/983）
775	大〔曆〕十〔年〕	IOL Khot W 63/H.150.viii

續表

公元	文 書 時 間	編 號
776	〔大〕曆十一年六〔月〕	SI P 94.21
779	大曆十四年十月至十五年	Дх.18920
780	大曆十五年四月一日	Дх.18916
780	大曆十五年四月廿八日	無原編號（Or.8210/S.9464v）.
781	大曆十六年二月	D.v.6（Or.8210/S.5864）
781	大曆十六年六月廿一日	Дх.18926+SI P 93.22+Дх.18928
782	大曆十七年閏三月廿九日	Дх.18919
782	大曆十七年閏三月	D.vii.4a（Or.8210/S.5871）
776－782	大曆年間	D.vii.3a（Or.8210/S.5870+S.5872）
782	建中三年七月十二日	D.vii.2（Or.8210/S.5867）
785	〔建中〕六年九月廿五日	D.v.5（Or.8210/S.5891）
785	建中六年十月	俄 Инв.5949
785	建中六年十二月廿一日	Дх.18927
	建中七年七月廿日，十月五日	H.3（M.9.c/Or.6407）
786	建中七年十一月十九日	M.T.c.iii（Or.8211/974）
787	建中八年四月廿日	D.vii.4e（Or.8212/183D/S.6967）+ D.vii.4b（Or.8212/184/S.6971）+ D.vii.3d（Or.8210/S.5869）
788	貞元四年五月廿一日	Дх.18917
788	貞元四年	D.vii.3c（Or.8212/185/S.6972）

續表

公元	文 書 時 間	編 號
788	〔貞〕元四年	M.T.0624（Or.8212/714）
789	貞元五年五月	Balaw.0163（Or.8212/701）
789	貞元五年	D.vii.4d（Or.8212/184/S.6969）
790	〔貞元〕六年九月廿五日	D.v.5（Or.8210/S.5891）
790	貞元六年十月四日	M.T.0634（Or.8212/709）
790	貞元六年	D.ix.1（Or.8210/S.5862）
791	貞元七年七月	北京某氏藏01
791	貞（？）元七年	E.i.36
794?	貞元〔十年〕七月十日	Дx.18939
798	貞元十四年閏四月四日	Hedin 24
801	巳年十一月廿五日至十二月九日	Hedin 16 （A）～（L）
801	巳年十二月廿一日	Hedin 15
801	巳年十二月廿二日	Domoko C
802	午年三月六日	Domoko D

凡　例

一　本書所收以域外所藏和田出土漢語文書爲主，包括英國國家圖書館藏霍恩雷收集品、斯坦因收集品，瑞典人種學博物館藏赫定收集品，俄羅斯科學院東方文獻研究所藏彼得羅夫斯基收集品，德國國家圖書館和亞洲藝術博物館（原印度藝術博物館）藏吐魯番探險隊收集品、慕尼黑五洲博物館藏弗蘭克收集品，日本京都龍谷大學藏大谷探險隊收集品，附錄中國公私散藏的幾組小收集品。本書所收爲非佛教文獻，包括典籍和文書，但弗蘭克收集品只有兩件佛典寫本，也附錄其後。

二　本書錄文大體保持原件格式，不連寫，每行加行號，以與原件行數對照，版面不能容納時，轉行續寫，頂格與前一行高低相同。

三　本書所收文獻的編號，有原始編號的，按原始編號排序，後括注新編號；沒有原始編號的，直接用各收藏單位的現編號爲序。r表示文書正面，v爲背面。直接綴合的文書用加號“+”，非直接綴合用頓號“、”。

四　每件文書均據其内容，參考前人成果（如有），予以擬題，其斷代、定性及文書特徵等做簡要解題説明，列於標題、編號之後。

五　文書斷裂，不能綴合，但據書法、紙質及内容判斷爲同一組文書者，在同一標題下每片分標（一）、（二）、（三）……。

六　文書中異體、俗體、別體字，除人、地、度量衡名外，釋文基本用現在通行繁體字；其古寫簡體字與今簡寫相同者照錄；原文筆誤及筆畫增減，逐行改正。文書中朱書字在解題或注中提示。

七　文書有缺文時，依缺文位置標明（前缺）、（中缺）、（後缺）；中有原未寫文字處，標作（中空）；文末空白標作（餘白）。

八　缺字用□表示。不知字數的缺文，上缺用▢▢▢▢、中缺用▢▢▢▢、下缺用▢▢▢▢表示，長度據原缺長短而定。騎縫綫用------表示，正面騎縫押署或朱印直接書於騎縫綫上，背面騎縫押署或朱印括注於騎縫綫下方。

九　原文字形不全，但據殘筆確知爲某字者，補全後在外加□，如貞；無法擬補者作爲缺字；殘存半邊者照描，殘損部分以半框▢▢▢▢表示。字迹清楚但不識者照描，字迹模糊無法辨識者亦用□表示。原文點去或抹去的廢字不錄。

一〇　所有文書錄文均加標點。文書中原寫於行外的補字，釋文一般逐補入行內；成句的補文，不能確定應補在哪一句之下者，依原樣錄於夾行。原件中之倒書（自下向上書寫）者，及寫於另一件文書行間者，分別釋錄，但加以説明。

一一　本書所用文書編號：

Balaw.：斯坦因在巴拉瓦斯特所獲于闐文書

Ch：德國吐魯番探險隊所獲于闐文書（新編號）

Dandan Uiliq：斯坦因在丹丹烏里克所獲于闐文書

Do.：弗蘭克得自達瑪溝和田商人的于闐文書

Dom., Domoko, Dumaqu：斯坦因在老達瑪溝所獲于闐文書

E.：斯坦因在安迪爾所獲于闐文書和題記

Hedin：斯文·赫定探險隊所獲于闐文書

Ho.：弗蘭克得自英國駐喀什總領事的于闐文書

Kh.：弗蘭克得自和田人Aksakal的于闐文書

Kha./ Khad.：斯坦因在喀達里克所獲于闐文書

Kuduk-kol.：斯坦因在庫都克庫爾所獲于闐文書

MIK：德國印度藝術博物館藏于闐文書（新編號）

M.T., M. Tagh, Mr. tagh：斯坦因在麻札塔格所獲于闐文書

Or.：英國國家圖書館藏于闐文書

SI：俄羅斯科學院東方文獻研究所藏西域收集品

T IV Chotan：德國吐魯番探險隊所獲于闐文書（原始編號）

Дx.：俄羅斯科學院東方文獻研究所藏編入敦煌文庫的于闐文書

Ot.：日本龍谷大學圖書館藏大谷探險隊所獲于闐文書

霍恩雷收集品

一 唐大曆三年（768）三月毗沙都督府六城質邏典成銑牒 H.1（M.9.a/Or.6405）

14行。H.1是霍恩雷編列的漢語文書序號。馬繼業（G.Macartney）收集品。傑謝在今丹丹烏里克，質邏在今策勒縣附近，此件當出土於老達瑪溝。

參: Hoernle 1901, pl.III; Chavannes 1907, 521-524; 森安孝夫1984, 52-55; 張廣達、榮新江1988a, 60-69; 王冀青1991, No.1; 郭鋒1993, 71-72;《于闐史叢考》, 140-154; 陳國燦1994, 535-536; 殷紅梅1998, 53-54; 沙知、吳芳思2005②, 331; 吉田豊2006, 32;《于闐史叢考》（增訂本）, 106-117; 榮新江2009, 17-18; 沈琛2019, 91-92。

1　☐☐☐☐☐☐☐牒傑謝百姓并☐☐☐☐

2　　　　傑謝百姓狀訴雜差科等

3　右被鎮守軍牒稱: 得傑謝百姓胡書, 翻稱:"上件百

4　姓☐☐☐☐☐☐☐深憂養, 蒼生頻年被賊損, 莫知其

5　計。近日蒙差使移到六城。去載所著差科, 并納

6　足。☐☐慈流, 今年有小小差科, 放至秋熟, 依限輸

7　納。其人糧并在傑謝, 未敢就取, 伏望商量者。"

8　使判:"一切并放者。"其人糧, 狀稱并〔在〕傑謝, 未有處

9　分。□（今）傑謝百姓胡書狀訴雜差科，准使判，牒所
10　由放。其人糧并在傑謝，欲往使人就取糧，未敢
11　專擅，執案諮取處分訖。各牒所由者。使又
12　判："任自般運者。"故牒。
13　　　　　　　　大曆三年三月廿三日典成銑牒
14　六城質邏刺史阿摩支尉遲信

二　唐某年十二月傑謝鎮知鎮官楊晉卿帖
H.2（M.9.b/Or.6406）

　　6行。馬繼業（G.Macartney）收集品。傑謝在今丹丹烏里克，當爲本件出土地。

　　參：Chavannes 1907, 524；王冀青1991, No.2；郭鋒1993, 72；《于闐史叢考》, 142；陳國燦1994, 537；殷紅梅1998, 55；沙知、吳芳思2005②, 332；《于闐史叢考》（增訂本）, 108；荒川正晴2013, 277-278。

1　傑謝鎮　　　　　　帖知事
2　鞦皷牛皮一張，鶉鳥翎破碎不堪，燋爛難蓄，皮並蹄骨等
3　右奉處分，上件等物爲鎮器械，破折損，箭
4　無翎修造。帖至，仰准數采覓，限五日内送納。
5　帖至准狀。十二月廿三日帖。
6　　　　　　　　知鎮官將軍楊晉卿

三　唐建中七年（786）七月蘇門悌舉錢契
H.3（M.9.c/Or.6407）

　　首部略殘，12行。馬繼業（G.Macartney）收集品。傑謝在今丹

丹烏里克, 當爲本件出土地。

參: Hoernle 1901, pl.IV; Chavannes 1907, 525; *TTD*, III,
（A）, 77,（B）, pl.39; 王冀青1991, No.3; 郭鋒1993, 72;《于闐
史叢考》, 142; 陳國燦1994, 538–539; 沙知、吳芳思2005②, 333;
《于闐史叢考》（增訂本）, 108–109; 榮新江2009, 21–22; 丁俊
2012, 66。

1　建中七年七月廿日　□□
2　釗□村賈客蘇門俤爲切要錢用, 今於里与吕邊,
3　舉錢壹拾伍阡文, 其錢立契平章, 限八月内還
4　拾陸阡文。如違限不付, 每月頭分生利, 隨月如延
5　不付, 即任牽掣家資, 用充本利直。如東西不
6　在, 一仰同取保人代還。官有政法, 人從私契,
7　兩共平章, 畫指爲記。
8　　　　錢主　　　　　　　　　桑
9　　　　舉錢人蘇門俤年卅九（畫指）
10　　　保人安芬年卅（畫押）
11　　　建中七年十月五日傑謝薩波斯略契内分將
12　　　錢壹拾阡文（押）

四　唐某奴等納新税糧床抄
H.4（G.1/Or.6408）

漢文3行, 于闐文1行。此件與Or.6409（G.1）均爲戈德福雷
（S.H.Godfrey）收集品。

參: Hoernle 1897, pl.XIV; 王冀青1991, 145; 郭鋒1993, 73;
沙知、吳芳思2005②, 334; 慶昭蓉2017, 75; 慶昭蓉、榮新江
2022, 61–62。

（前缺）

1 ⬚奴⬚等納新稅糧床壹

2 ⬚ro haude（〔某人〕也交了）

3 ⬚壹⬚月貳拾陸日抄（押），（勾記）。

4 ⬚□（勾記）□□堅

（後缺）

五　唐鋸鐮等雜帳

H.5（M.3.1/Or.6408）

2行，馬繼業（G.Macartney）收集品。

參：王冀青1991，No.5；郭鋒1993，73；沙知、吳芳思2005②，334。

（前缺）

1 鋸鐮兩張，寄在王本。鋤子一，麵二斗，米二斗，

2 椀器共卅事，木箭一十六隻，箭鏃一十四。

（後缺）

六　唐粟等雜帳

H.6（M.3.2/Or.6408）

1行。馬繼業（G.Macartney）收集品。

參：王冀青1991，No.6；郭鋒1993，73；沙知、吳芳思2005②，335。

（前缺）

1 ⬚粟一石，斗一，盆子一，王使宅鍋一口。

（後缺）

七 唐舒里捺等名籍

H.7（M.3.3/Or.6408）

4行。馬繼業（G.Macartney）收集品。

參：王冀青1991, No.7; 郭鋒1993, 73; 沙知、吳芳思2005②,
335。

（前缺）

1 ⬚⬚□國

2 ⬚⬚□本 舒里捺

3 ⬚⬚我婁　贊慈

4 　□□

（後缺）

八 唐某年六城傑謝鎮牒

H.8（M.3.1/Or.6409）

2行。馬繼業（G.Macartney）收集品。傑謝在今丹丹烏里克，當
爲本件出土地。

參：王冀青1991, No.8; 郭鋒1993, 73; 沙知、吳芳思2005②,
336。

（前缺）

1 ⬚⬚年三月　日六城傑謝⬚⬚

2 勒速□⬚⬚

（後缺）

九 唐牒爲熟銅事

H.9（M.3.2/Or.6409）

2行。馬繼業（G.Macartney）收集品。

參：王冀青1991, No.9；郭鋒1993, 73；沙知、吳芳思2005②，336。

（前缺）

1 熟銅壹□□□

2 □□案内被營使牒□□□

（後缺）

一〇 唐差鋪子帖

H.10（G.17/Or.6409）

3行。戈德福雷（S.H.Godfrey）收集品。

參：Hoernle 1897, pl.XIV；王冀青1991, No.10；郭鋒1993, 74；沙知、吳芳思2005②，337。

（前缺）

1 右件狀如□□□

2 差鋪子□□□

3 　廿四日帖□□□□

一一 殘 片

H.11~12（M.3.3~4/Or.6409）

（3.3）2行，（3.4）1行。馬繼業（G.Macartney）收集品。

參：王冀青1991, No.11-12；郭鋒1993, 73；沙知、吳芳思2005②，337-338。

（3.3）

（前缺）

1 ▢▢▢▢

2 ▢▢▢張萬福

（後缺）

（3.4）

（前缺）

1 ▢▢並▢▢

（後缺）

一二　唐大曆十年（775）納稅抄

無原編號（IOL Khot W 43）

木簡。19.0×2.3cm。正背各1行。"大十"指大曆十年（775）。正面4深刻痕，6淺刻痕。深刻痕對應糧食單位碩（于闐語作*kūsa*），淺刻痕則對應斗（于闐語作*ṣaṃga / kha*），下同，不一一注出。疑爲巴拉瓦斯特遺址出土。

參：Skjærvø 2002, 570；荒川正晴2011, 36；荒川正晴2014, 3。

r1　▢▢▢▢大十七月十七日▢▢

v1　肆碩陸斗▢　　　　　4 kū(sa) 6 ṣa(ṃ)ga

（于闐語翻譯：納4碩6斗）

一三　唐大曆十年（775）納稅抄

H.150.viii（IOL Khot W 59/1+2）

木簡，斷爲2截。（3.5+21）×2cm。正背書，正面1行漢語，背面爲1行漢語，1行于闐語。文中“十”指“大十”，即大曆十年（775）。
存4深刻痕，9淺刻痕，標識糧食數量。霍恩雷（Hoernle）收集品。

參：Skjærvø 2002, 572。

r1　　拔伽□□□□□□□□□□□十六月四□□□

v1　　□□□□□□□□□□□九斗　　叁　（-īkä ganaṃ
hauḍä 4（？）　khe/ 9
（于闐語翻譯：納四碩九斗）

一四　唐大曆十年（775）納稅抄
H.150.viii（IOL Khot W 63）

木簡。26.3×2.2cm。正背各1行。“大十”指大曆十年（775）。
存2深刻痕，9淺刻痕。霍恩雷（Hoernle）收集品。疑爲巴拉瓦斯特
遺址出土。

參：Skjærvø 2002, 572；荒川正晴2011, 36；荒川正晴2014,
2-3。

r1　　拔□□□□稅□□□□□大十□□□□　　□□□

v1　　□□□□□□□□□斗□ /rrusa hauḍä 2 khe 9
（于闐語翻譯：納麥2碩9斗）

斯坦因收集品

巴拉瓦斯特出土文書（Balawaste, Balaw., Bal.）

一五　唐大曆十年（775）拔伽百姓納稅抄
Balawaste 009（Or.8211/981）

木簡。33.5×3.0cm。正背書，各1行。有深刻痕五，淺刻痕七，下端有孔。"大十"指大曆十年（775）。巴拉瓦斯特遺址出土。

參：Chavannes 1913, 219, pl.XXXVII；東野治之1983, 47；藤田高夫2001, 367；荒川正晴2011, 36；荒川正晴2014, 3。

r1　拔伽百姓稅小伍碩柒㪷，大十八月四日得足□
v1　大十稅小五石七㪷，□。（下面爲于闐文）

一六　唐大曆十年（775）拔伽百姓納稅抄
Balawaste 0010（Or.8211/982）

木簡。正背書，正背各1行。原件已佚，據照片，有深刻痕三。"大十"指大曆十年（775）。巴拉瓦斯特遺址出土。

參：Chavannes 1913, 219, pl.XXXVII；東野治之1983, 47；藤田高夫2001, 367, 374。

r1 　拔□□大十稅小三石，大十八月四日得足□
v1 　大十稅小三石三升。

一七　唐大曆十年（775）拔伽百姓納稅抄
Balawaste 0011（Or.8211/983）

　　木簡。32.5×2.4cm。正背書，正背各1行。有深刻痕一，淺刻痕五，下端有孔。背面漢字下有婆羅謎文殘字。“大十”指大曆十年（775）。巴拉瓦斯特遺址出土。

　　參：Chavannes 1913, 219, pl.XXXVII；藤田高夫2001, 367；荒川正晴2011, 36；荒川正晴2014, 3；慶昭蓉、榮新江2022, 69。

r1 　拔□□大十稅小壹碩伍斗，大十八月四日得足。□□（押）。
v1 　大十稅小一石五斗三□。

一八　唐大曆七年（772）羯摩師納緤花布抄
Balaw.0160（Or.8212/702）

　　漢語于闐語雙語文書，計2行漢文，4行于闐文（張湛轉寫翻譯）。巴拉瓦斯特遺址出土。

　　參：Maspero 1953, 186, No.449, pl.XXXVII；《于闐史叢考》, 147-148；陳國燦1994, 483；關尾史郎1997, 182, 186-188；沙知、吳芳思2005①, 184；《于闐史叢考》（增訂本）, 115；朱麗雙2021, 95-96。

1　　mye x … ……….x 400 60 pe'mīnai thau x …
　　（于闐語翻譯：某月某日……460文，毛織布……。）
2　　羯摩師大曆七年十月廿八日納緤花布壹拾個，典趙俊。
3　　　　刺史阿摩支尉遲□□（畫押）thaunaka 10 4 drisa x

（14〔個〕小布，300〔文一個？〕。）

4　@ ṣau sukra[sa]lya gūmaji rrahadattä kamala[ji]mūri
　　hauḍä dvi ysā[ri]

5　paṃse〔　　　　　　　　〕nāte〔　　　〕20 5 mye ha
　　[ḍ]ai

（于闐語部分翻譯：Ṣau官 Sukra 之年，Gūma 的 Rraha-
datta 納人頭稅 2500〔文〕，……收訖，某月 25 日。）

一九　唐文書

Balaw.0161（Or.8212/704）

正書2行，倒書3行。（二）倒寫於（一）之左方。巴拉瓦斯特遺
址出土。

參：Maspero 1953, 187, No.451；陳國燦1994, 485；關尾史郎
1997, 182, 186–188；沙知、吳芳思2005①, 185。

（一）

1　□□兩□

2　□□王月□

（二）

1　□須□

2　又大□

3　□狀

二〇　唐拔伽瑟拱支納糧抄

Balaw.0162（Or.8212/703）

漢語于闐語雙語文書，2行漢文，2行于闐文。巴拉瓦斯特遺址

出土。

　　參：Maspero 1953, 186, No.450; 陳國燦1994, 484; 關尾史郎
1997, 182, 186–188; 沙知、吳芳思2005①, 184。

1　（于闐文）
2　拔伽瑟拱支納□□□□
3　年十月卅□□□□
4　（于闐文）

二一　唐貞元五年（789）百姓某狀
Balaw.0163（Or.8212/701）

　　9行。巴拉瓦斯特遺址出土。

　　參：Maspero 1953, 186, No.448, pl.XXXV; 陳國燦1994,
481–482; 沙知、吳芳思2005①, 183; 劉子凡2014, 25。

　　（前缺）
1　　　　　　　　　　　　　　□□住在質
2　　　　　　　　　　　　□□質邏條上
3　仵人，油□□□□□□文，當未付錢。比聞
4　比疏勒行回，便□□錢五百文，訖今未還引□□□
5　　　　□□躓打母速吉黎自違期限，今與□錢□□
6　　　　□來人不還牛，彼處艱難□□□□
7　　　　□兵馬使，伏望商量處□□□
8　　　　　　貞元五年五月　　日百姓□□□
9　　　　　□白
　　（後缺）

二二　唐殘字

Balaw.0164（Or.8212/705）

1行漢文，1行于闐文。巴拉瓦斯特遺址出土。

參：Maspero 1953，187，No.452；陳國燦1994，486；沙知、吳芳思2005①，185。

1 ＿＿＿□事
2 （于闐文）

二三　殘片

Bal.0221（Or.8212/1625）

3行。巴拉瓦斯特遺址出土。
參：沙知、吳芳思2005②，236。

（前缺）
1 ＿＿＿□□□＿＿
2 ＿＿太一□＿＿
3 ＿＿＿□□＿＿
（後缺）

丹丹烏里克出土文書（D.）

二四　唐貞元六年（790）九月廿五日薩波斯略等納青麥條記

D.v.5（Or.8210/S.5891）

木簡，正背書，正面1行，背面1行。背面“阿閉娑青一石一斗惟”筆記較濃，應是後寫。“惟”字爲押署，書法頗似BH1-2背《唐貞元六年（790）十月、十一月傑謝鎮倉糧食入破帳曆稿》上的衛惟

悌。阿閉娑見BH1-3《唐貞元六年（790）十月廿二日傑謝鎮倉算叱
半史郎等交稅糧簿》第19行，所納稅糧中一筆爲"青一石一斗"。據
此，"六年"當爲貞元六年。丹丹烏里克遺址出土，誤編入S編號斯
坦因敦煌所獲漢語文書部分。

參：《英藏》9, 194; Susan Whitfield, *Aurel Stein on the Silk
Road*, 34; 吉田豐2006, 136; 吉田豐2012c, 150–151; 慶昭蓉、榮新
江2022, 68。

r1　薩波思略納青麥壹碩壹斗伍升，六年九月廿五日官檢
　　懷珠，惟。（行側有勾記）
v1　青一石一斗五升。阿閉娑青一石一斗，惟。

二五　唐大曆十六年（781）二月六城傑謝百姓思略牒
D.v.6（Or.8210/S.5864）

5行，文書下部略殘。大曆十六年實是建中二年。丹丹烏里克
遺址出土，誤編入S編號斯坦因敦煌所獲漢語文書部分。

參：Stein 1907, pl.CXV; Chavannes 1907, 525–526; 王冀青
1987, 99;《于闐史叢考》, 142;《英藏》11, 243; 荒川正晴1994,
24; 陳國燦1994, 540–541; 荒川正晴1995, 69–70; 沙知、吳芳思
2005②, 313;《于闐史叢考》（增訂本）, 108; 文欣2008, 110; 榮
新江2009, 19。

1　　阿磨支師子下胡書典阿施捺　　胡書典▢▢▢
2　牒：思略去年五月内，与上件二人驢，准作錢六阡▢▢
3　思略放丁，經今十個月，丁不得，驢不還。伏望▢▢
4　乞追徵處分，謹牒。　　　　　　　　抄口抄人▢▢
5　　　　　　大曆十六年二月　日六城傑謝百姓思略▢□

二六　唐建中三年（782）七月健兒馬令莊舉錢契

D.vii.2（Or.8210/S.5867）

首尾完整，11行。丹丹烏里克遺址出土，誤編入S編號斯坦因敦煌所獲漢語文書部分。

參：Stein 1907, pl.CXV; Chavannes 1907, 526-527; *TTD*, III,（A），77,（B）, pl.38; 王冀青1987, 102-103; 唐耕耦等1990, 140;《英藏》11, 244; 陳國燦1994, 546-547; 沙知、吳芳思2005②, 314; 榮新江2009, 21。

```
1    建中三年七月十二日，健兒馬令莊爲急
2    要錢用，交無得處，遂於護國寺僧虔
3    英邊，舉錢壹阡文。其錢每月頭分生利一
4    伯文。如虔英自要錢日，即仰馬令莊本
5    利并還。如不得，一任虔英牽掣令莊家
6    資牛畜，將充錢直，有剩不追。恐人無〔信〕，故
7    立私契，兩共平章，畫指爲記。
8              錢主
9         舉錢人馬令莊年廿
10        同取人母范二娘年五十（畫指）
11        同取人妹馬二娘年十二（畫指）
```

二七　唐大曆年間（766—782）女婦許十四典牙梳舉錢契

D.vii.3a（Or.8210/S.5870+S.5872）

本契約現已斷爲三片，後編爲兩個號碼，今據Stein 1907, pl.CXVI所刊舊圖錄文。大曆年號在于闐行用到782年。丹丹烏里克遺址出土，誤編入S編號斯坦因敦煌所獲漢語文書部分。

參：Stein 1907, pl.CXVI；Chavannes 1907, 527-528；*TTD*, III，（A），76-77，（B），pl.38；王冀青1987，103；唐耕耦等1990，139；《英藏》11，245-246；陳國燦1994，543；沙知、吳芳思2005②，317、319；榮新江2009，20-21。

1　大曆□□□□□□□□許十四爲急要錢用，交

2　無得處，遂將□□□□牙梳一，共典錢伍佰文，

3　每月頭□□□□□錢，許十四自立限，□□

4　月內，將本利錢贖。如違限不贖，其梳錢等

5　並没，一任將買（賣）。恐人無信，故立私契，兩共平

6　章，畫指爲記。

7　　　　　　　　錢主

8　　　　　　舉人女婦許十四年廿六歲（畫指）

9　　　　　　同取人男進金年八歲

10　　　　　見人

二八　唐舉錢契殘片

D.vii.3b（Or.8212/185, Or.8210/S.6972）

三片殘片，分別爲4行、1行、1行。丹丹烏里克遺址出土，誤編入S編號斯坦因敦煌所獲漢語文書部分。

參：Chavannes 1907, 528；*TTD* III, 78；王冀青1987, 101-102；《英藏》11, 252；陳國燦1994, 560；沙知、吳芳思2005①, 18。

（一）

（前缺）

1　奇□□□

2　佰文，如□□□

3　休悔。如先悔☒☐☐
4　恐☒無☐☐
　　（後缺）

　　　　（二）
　　（前缺）
　　　　　☐
1　☒人羅勿失
　　（後缺）

　　　　（三）
　　（前缺）
1　　　☐☐卅九王（畫指）
　　（後缺）

二九　唐貞元四年（788）雇驢文書

　　D.vii.3c（Or.8212/185，Or.8210/S.6972）

　　2行。丹丹烏里克遺址出土，誤編入S編號斯坦因敦煌所獲漢語文書部分。

　　參：Chavannes 1907, 528；《英藏》11, 252；沙知、吳芳思2005①, 19。

　　（前缺）
1　　　☐☐雇驢壹頭☐
2　　　　　貞元☒☐
　　（後缺）

三〇　唐大曆十七年（782）閏三月行官霍昕悦便粟契

D.vii.4a（Or.8210/S.5871）

10行。文書首部略殘。大曆十七年實爲建中三年。今據Stein1907，pl.CXV所刊舊圖錄文。丹丹烏里克遺址出土，誤編入S編號斯坦因敦煌所獲漢語文書部分。

參：Stein 1907, pl.CXV；Chavannes 1907, 529–530；*TTD*，III，（A），76，（B），pl.37；王冀青1987，104；唐耕耦等1990，138；《英藏》11，246；陳國燦1994，544–545；殷晴1997，33；沙知、吳芳思2005②，318；榮新江2009，20。

```
1   大曆十七年閏三月▢▢▢▢▢▢行官霍昕悦爲
2   無糧用，交無得處，遂於護國寺僧虔英
3   邊，便粟壹拾柒碩。其粟霍昕悦自立限，至
4   九月内還。如違限不還，一任僧虔英牽掣霍
5   昕悦家資牛畜，將充粟直，有剩不追。恐人
6   無信，故立私契，兩共對面平章，畫指爲記。
7           粟主                （畫指）
8       便粟人行官霍昕悦年卅七（畫指）
9       同便人妻馬三娘年卅五（畫指）
10      同取人女霍大娘年十五（畫押）
```

三一　唐護國寺文書

D.vii.4c（Or.8212/184，Or.8210/S.6970）

4行。大晉見D.vii.7和D.viii.1護國寺文書，惠緣見D.vii.7。有朱筆殘跡。丹丹烏里克遺址出土，誤編入S編號斯坦因敦煌所獲漢語文書部分。

參：Chavannes 1907, 530；王冀青1987，96；《英藏》11，251；

陳國燦1994，555；沙知、吳芳思2005①，16。

（前缺）

1　在城師僧□□□□□限當日
2　將□會在□□□□□□大訾速
3　追，並□兩日□□□□到寺。如違，所
4　由□招科決，□　惠緣
　　（後缺）

三二　唐護國寺文書

D.vii.4d（Or.8212/184, Or.8210/S.6969）

8行。丹丹烏里克遺址出土，誤編入S編號斯坦因敦煌所獲漢語文書部分。

參：Chavannes 1907, 531；王冀青1987, 98–99；《英藏》11，250；陳國燦1994, 552–553；沙知、吳芳思2005①, 14。

（前缺）

1　　　　　　　　　　　　玄應
2　　　　　　　　　　　　　　　　　　　□□□□　□
3　法義三千又四車　　　　　足□　　　賢金　□和
4　□□□□
　　足

5　法幽　　　納法□
6　　　　　□□　會應　法□　　　□通
7　僧智與　僧智圓　法□　　□□　　□
8　　　　　　　　　　　　　　　　□善
　　（後缺）

三三　唐貞元五年（789）護國寺殘牒

D.vii.4d（Or.8212/184, Or.8210/S.6969）

5行。丹丹烏里克遺址出土，誤編入S編號斯坦因敦煌所獲漢語文書部分。

參：Chavannes 1907, 531；王冀青1987, 98-99；《英藏》11, 250；陳國燦1994, 552-553；沙知、吳芳思2005①, 15；榮新江2009, 23。

（前缺）

```
1  家□□□   □  藏
2    右件僧□□
3    望商量請處分□□
4  牒  件  □□□□□牒。
5              貞元五年□□
```

三四　唐建中八年（787）四月蘇某負錢契

D.vii.4e（Or.8212/183D/S.6967）+D.vii.4b（Or.8212/184, Or.8210/S.6971）+D.vii.3d（Or.8210/S.5869）

文書已斷作數個殘片，編作三個號碼，據内容、字跡應屬同一件文書。建中爲唐德宗年號，計四年（780—783），784年改元興元，翌年再改元貞元（785—804）。于闐立契人不悉長安改元，故仍奉建中年號，建中八年實是貞元三年。丹丹烏里克遺址出土，誤編入S編號斯坦因敦煌所獲漢語文書部分。

參：Stein 1907, pl.CXVI；Chavannes 1907, 529, 530, 531；*TTD*, III,（A）, 78,（B）, pl.39；王冀青1987, 96, 105；唐耕耦等1990, 141；《英藏》11, 249, 251-252, 245；陳國燦1994, 561, 562, 548-549；殷晴1997, 33；沙知、吳芳思2005①, 13, 17, ②,

316；榮新江2009, 22。

（前缺）

1　　　　　　　　　　□□家常住錢壹拾伍阡
2　文，其錢自限□□□□□□□計會，如違不還，即任
3　牽掣□□□□□充錢直□□□□□□□建中八年四月廿日。
4　　　　　　　□□□　　　（畫指）
5　　　　　　　同負錢人妻阿孫
6　　　　　　　同負錢人男蘇嘉依年廿（畫指）
7　　　　見囚行官中郎廉奇

三五　唐護國寺計算所狀
D.vii.4f（Or.8212/183E, Or.8210/S.6968）

2行。丹丹烏里克遺址出土，誤編入S編號斯坦因敦煌所獲漢語文書部分。

參：Chavannes 1907, 531；王冀青1987, 101；《英藏》11, 249；陳國燦1994, 551；沙知、吳芳思2005①, 13。

1　計算所　　　　　　　狀上
2　　僧善意　寶明　玄□　法空　法進　道超
（後缺）

三六　唐護國寺三綱帖爲外巡僧大曇領家人刘草澆田事
D.vii.7（Or.8210/S.5868）

7行。僧大曇亦見D.vii.4c和D.viii.1兩件護國寺文書，年代均在貞元前後。丹丹烏里克遺址出土，誤編入S編號斯坦因敦煌所獲漢語文書部分。

參：Stein 1907, pl.CXVI；Chavannes 1907, 532；王冀青
1987, 100；《英藏》11, 244；陳國燦1994, 557；池田温1996, 217-
218；薛宗正1996, 7-8；殷晴1997, 33；荒川正晴2013, 291；沙知、
吳芳思2005②, 315。

1　　　護國寺□□□□外巡僧大晉
2　　　　先果家[　　　　　　　　　　]多少等
3　　　　右帖至, 仰領前件家人刘草叁
4　　　　日, 留一人澆田, 餘人盡將去, 不得
5　　　　妄作事故, 違必重科決。八月廿七
6　　　　日帖。　　　　　都維那僧惠達
7　　上座僧惠緣　　寺主僧惠雲

三七　唐護國寺文書
　　D.viii.1（Or.8210/S.11585）

　　分2片, 各4行。丹丹烏里克遺址出土, 誤編入S編號斯坦因敦
煌所獲漢語文書部分。

　　參：Stein 1907, pl.CXV；Chavannes 1907, 532-533；《英藏》
14, 300；陳國燦1994, 558-559；沙知、吳芳思2005②, 322。

（一）
（前缺）
1　　[　]來去[　]
2　　　[　]常[　]
3　　仚身自在[　　]
4　　　[　]婢仙□□[　]
（後缺）

（二）

（前缺）

1 　　　　璨□□

2 　　　本寺常住，其遺書見□　　

3 　　　外維那僧大旨，將本典婢契於　　

4 　　　　　中路遺失，當恐此　　

（後缺）

三八　唐貞元六年（790）舉錢契

D.ix.1（Or.8210/S.5862）

2行。丹丹烏里克遺址出土，誤編入S編號斯坦因敦煌所獲漢語文書部分。

參：Stein 1907, pl.CXVI；Chavannes 1907, 533；王冀青1987, 97；《英藏》11, 243；陳國燦1994, 556；沙知、吳芳思2005②, 313；榮新江2009, 23。

1 　貞元六年□　　

2 　錢用　　

（後缺）

達瑪溝出土文書（Dom., Domoko, Dumaqu）

三九　唐守捉使馮仙期文書

Dom.0136（Or.8212/1369）

1行。馮仙期亦見Or.8212/1530（M.T.0114）《開元二十六年（734）典某牒》。達瑪溝遺址出土。

參：郭鋒1993, 65；沙知、吳芳思2005②, 149；陳國燦2013, 59。

（前缺）

1　　　　　　□守□捉使馮仙期

四〇　唐毗沙都督府長史葉護尉遲某牒

Dom.0138（Or.8212/1368）

4行。有朱筆殘跡。"業護"當即"葉護"。達瑪溝遺址出土。

參：郭鋒1993，64-65；沙知、吳芳思2005②，148。

（前缺）

1　　　□　□

2　　　□　　　　　　　　判官□

3　　　□　□

4　　　□　　　長史業護尉遲□□

（後缺）

四一　唐王大將軍牒

Dom.0139b（Or.8212/1371）

2行。郭鋒編號作Dom.0139c。達瑪溝遺址出土。

參：郭鋒1993，67；沙知、吳芳思2005②，150。

（前缺）

1　　□月三日王大將軍□

（後缺）

四二　殘片

Dom.0139c（Or.8212/1371）

僅存殘字痕。達瑪溝遺址出土。

参：沙知、吴芳思2005②, 151。

四三　唐鎮使文書

Dom.0139d（Or.8212/1371）

2行。1行有朱筆點記。郭鋒編號作Dom.0139b。達瑪溝遺址出土。

参：郭鋒1993, 67; 沙知、吴芳思2005②, 151。

（前缺）
1 ＿＿＿＿□□□鎮使親巡□□＿＿＿
2 ＿＿＿□□□□□恐□＿＿＿
（後缺）

四四　殘片

Dom.0139e（Or.8212/1371）

僅存殘字痕。達瑪溝遺址出土。

参：沙知、吴芳思2005②, 152。

四五　殘片

Dom.0139f（Or.8212/1371）

2行。有朱筆殘跡。達瑪溝遺址出土。

参：沙知、吴芳思2005②, 152。

（前缺）
1 ＿＿＿十
2 ＿＿＿　□＿＿
（後缺）

四六　殘片

Dom.0139g（Or.8212/1371）

1行。有朱印殘跡。郭鋒編號作Dom.0139a。達瑪溝遺址出土。

參：郭鋒1993, 66；沙知、吳芳思2005②, 153。

（前缺）

1　　　　□宜□　□

（後缺）

四七　唐文書

Dom.0140a（Or.8212/1370）

2行。有朱筆勾勒。達瑪溝遺址出土。

參：郭鋒1993, 66；沙知、吳芳思2005②, 149。

（前缺）

1　　　　□廿二日典□□

2　　　　□官□□珪

（後缺）

四八　唐文書

Dom.0140b（Or.8212/1370）

漢語于闐語雙語文書，2行漢文，2行于闐文。1、2行上均有朱印殘跡。達瑪溝遺址出土。

參：郭鋒1993, 66；沙知、吳芳思2005②, 150。

（前缺）

1　　　　　　□有□□□

2　（于闐文）

3　□□□□爲憑處分，如□□□

4　（于闐文）

（後缺）

四九　唐牒爲公驗事

Dom.0142（Or.8212/1891）

5行，朱筆、朱印殘跡。達瑪溝遺址出土。

參：郭鋒1993，69；沙知、吳芳思2005②，279。

（前缺）

1　　□□□□但□□□□

2　　□□狀文，將爲公驗，免□□

3　　□□殘疾者，不給文牒，一□□

4　　□□給文牒，任爲公驗。□□

5　　　　□□八日□□

（後缺）

五〇　唐牒

Dom.0157（Or.8212/1372）

3行。有朱筆殘跡。達瑪溝遺址出土。

參：郭鋒1993，68；沙知、吳芳思2005②，153。

（前缺）

1　　　婢　主　□□□

2　　命　如　前。　請　處　□□

3　牒　件　狀　如　☐

（後缺）

五一　唐文書

Dom.0158（Or.8212/1373）

2行。達瑪溝遺址出土。

參：郭鋒1993，68；沙知、吳芳思2005②，154。

（前缺）

1　貞☐

2　☐

（後缺）

五二　唐書信

Dom.0159a（Or.8212/1374）

1行。達瑪溝遺址出土。

參：郭鋒1993，68；沙知、吳芳思2005②，154。

（前缺）

1　☐天小並得平善。

（後缺）

五三　唐牒

Dom.0159b（Or.8212/1374）

2行。第2行爲大字判文。達瑪溝遺址出土。

參：沙知、吳芳思2005②，155。

（前缺）

1 ☐☐☐六年四月☐☐☐

2 ☐ 不 ☐☐☐

（後缺）

五四　唐女悉木搦迦文書

Dom.（a.b.c）（Or.8212/1878）

（a）1行，（b）1行，（c）1行，三片紙質、字體及字大小相同，疑原爲一紙裂出，有朱印殘跡。達瑪溝遺址出土。

參：郭鋒1993，69-70；沙知、吳芳思2005②，277-278。

（a）

1 　　並女悉木搦迦

（b）

1 ☐☐☐付人☐☐☐☐

（c）

1 ☐☐☐☐自州☐☐☐

五五　唐丙申記宣教慰勞馮某殘片

Dom.unnumbered （o.p）（Or.8212/1888）

1行。達瑪溝遺址出土。

參：郭鋒1993，69；沙知、吳芳思2005②，279。

（前缺）

1 ☐☐☐言破丙申記宣教慰勞馮☐☐☐☐

（後缺）

五六　唐伊裴本等名籍
　　Dumaqu 0141（Or.12637/56.1a~d）

　　本文書有四殘片，a片稍大，存字6行，爲漢語于闐語雙語文書，背面爲于闐文。b片之殘兩個漢字。與Dumaqu 0163（Or.12637/66）屬於同一文書。c、d兩片殘存幾個于闐文字母。

　　參：*KT*，V，266；小口雅史2007b，113-119，圖3-4；Skjærvø 2002，141；文欣2008，119；袁勇2021，24-25。

a1　　　　　□村户伊裴本卅二　　男分□
　2　　　/ña Īrvapųñä　42　diśye/
　3　　　楔娑五十四　　户瑟你卅二
　4　　　/sa 50 5　　　　şanīrä 40 2
　5　　　　　　　　　□杷五十□
　6　　　　/　　　　　　/

五七　唐文書
　　Dumaqu 0163（Or.12637/66）

　　漢語于闐語雙語文書，漢文行間夾寫于闐文，背面有模糊的于闐文。與Dumaqu 0141（Or.12637/56.1a~d）屬於同一文書。達瑪溝遺址出土。

　　參：Skjærvø 2002，153。

（未見圖版）

五八　于闐巳年（801）十二月廿二日于闐六城南牟没納進奉絁紬抄
　　Domoko C（Dumaqu C，OIOC Photo 392/57 T.O. 45/1）

漢語于闐語雙語文書，于闐文2行，漢文2行。與Hedin 15，Hedin 16，Dumaqu D屬同一組于闐六城百姓納進奉絁紬抄，其中巳年對應於于闐王尉遲曜三十五年（801）。此件納布者爲南牟没，判官富惟謹，薩波深莫抄，末當有朱筆勾記。于闐語部分轉寫録自*SDTV*，漢譯則據貝利英譯翻譯。斯坦因第四次中亞探險所獲文書，達瑪溝一帶出土。

參：*KT*，Ⅱ，63；*SD*，Ⅳ，pl.XCVI；*SDTV*，123；關尾史郎1988，64；《于闐史叢考》，84；林梅村1993，92，95；關尾史郎1997，190-194；王冀青1998，263；吉田豐2006，58-60；吉田豐2008，85-86；《于闐史叢考》（增訂版），62；朱麗雙2021，93。

1　六城南牟没納進奉絁紬叄丈陸尺陸寸。

2　kṣvā auvā namaubudi　thau huḍä 36 chā kṣä tsuna
　　nva thaunakäṃ spāta śema

3　巳年十二月廿二日判官富惟謹，薩波深莫抄。

4　kä nātä u hūphạnä kvạnä（朱筆勾記）
　　（于闐語翻譯：六城南牟没據應納數，納絁紬叄拾陸尺陸寸。薩波深莫收，判官富。）

五九　于闐午年（802）三月六日于闐六城没達門、蘇里捈納進奉絁紬抄

Domoko D（Dumaqu D, OIOC Photo 392/57 T.O. 45/2）

漢語于闐語雙語文書，于闐文2行，漢文3行。與Hedin 15，Hedin 16，Dumaqu C屬同一組于闐六城百姓納進奉絁紬抄，其中午年對應於于闐王尉遲曜三十六年（802）。此件納布者爲没達門、蘇里捈，判官富惟謹，薩波深莫抄，末當有朱筆勾記。于闐語部分轉寫録自*SDTV*，漢譯則據貝利英譯翻譯。斯坦因第四次中亞探險

所獲文書，達瑪溝一帶出土。

參：*KT*, II, 63；*SD*, IV, pl.XCVI；*SDTV*, 123；《于闐史叢考》，84；林梅村1993，92–93，95；關尾史郎1997，190–194；王冀青1998，263–264；Skjærvø 2002，582；吉田豊2006，58–60；吉田豊2008，85–86；《于闐史叢考》（增訂版），62–63；Zhang Zhan 2016，273–275；朱麗雙2021，93。

1　　六城没達門納進奉絁紬貳丈叁尺，蘇里捫

2　kṣā auvā budarma thau hauḍa drrarabista chā suradata th(au)hau

3　　納伍尺。午年三月六日判官富惟謹，薩波深莫

4　ḍa pajsa chā（朱筆勾記）

5　　抄。

（于闐語翻譯：六城没達門納絁紬貳拾叁尺。蘇里捫納絁紬伍尺。）

安迪爾出土文書與題記（E.）

六〇　唐文書殘片

　　E.i.8（Or.8212/183A，Or.8210/S.6964）

　　存1行。安得悅遺址出土，誤編入S編號斯坦因敦煌所獲漢語文書部分。

　　參：Chavannes 1907，547；王冀青1987，96；《英藏》11，247；陳國燦1994，567；沙知、吳芳思2005①，13。

1　￣￣□今從城外來請

（後缺）

六一　唐貞(？)元七年(791)和蕃官秦嘉興題記

E.i.36

題寫於安得悦遺址壁面,從左向右讀。紀年首字殘,沙畹録作"開",即開元七年(719);森安孝夫認爲也不排除是"貞"的可能性,即貞元七年(791)。筆者傾向於貞元七年説。

參:Stein 1907, pl.XI; Chavannes 1907, 546;森安孝夫1984, 49-50;吉田豊2006, 42。

1　和大蕃官、太常卿秦嘉興歸本道□□
2　□□至建,聞其兵馬使死,及四鎮大蕃□□
3　　　　　貞元七年記。

六二　唐希俊牒爲前妻妄相羅織事

E.i.37(Or.8212/183B, Or.8210/S.6965)

殘字3行。1行有朱印左半部。Chavannes 1907編號作E.i.36a,安得悦遺址出土,誤編入S編號斯坦因敦煌所獲漢語文書部分。

參:Chavannes 1907, 546;王冀青1987, 98;《英藏》11, 248;陳國燦1994, 566;沙知、吴芳思2005①, 12。

（前缺）
1　妄相羅織人前妻年十三
2　　右希俊先婚前□□
3　　同居□□
　（後缺）

六三　唐典周玄福牒

　　E.i.44（Or.8212/183C, Or.8210/S.6966）

　　殘字2行。安得悅遺址出土，誤編入S編號斯坦因敦煌所獲漢語文書部分。

　　參：Chavannes 1907, 547；王冀青1987, 101；《英藏》11, 248；陳國燦1994, 565；沙知、吳芳思2005①, 12。

　　（前缺）

1　　　　　　　☐日典周玄福牒
2　　　☐虞候守左羽林軍大將軍王真卿
　　（後缺）

六四　唐國使辛利川題記

　　E.iii

　　題於安得悅遺址壁面。

　　參：Stein 1907, pl.XI；Chavannes 1907, 546。

1　　　國使辛利川

喀達里克出土文書（Kha./ Khad.）

六五　唐納穀物文書

　　Khad.02（Or.8212/1700）

　　于闐文漢文各1行。有朱筆殘跡。喀達里克遺址出土。

　　參：Skjærvø 2002, 63；沙知、吳芳思2005②, 238。

　　（前缺）

1　/ salāna jsārä jseṇä haorīdä（據〔某人〕詞。他們交納
　好的穀物……）

2　☐☐☐得百姓惣玖人

（後缺）

六六　殘片

Kha.i.47.a（Or.8212/1383）

3行。喀達里克遺址出土。

參：沙知、吳芳思2005②, 155。

（前缺）

1　☐☐☐山澤

2　☐☐☐

3　☐☐☐☐善☐

庫都克庫爾出土文書（Kuduk-kol.）

六七　唐拔栁百姓某牒

Kuduk-kol.040（Or.8212/1714）

4行。此件原二片, 英國圖書館已綴合。庫都克庫爾遺址出土。

參：沙知、吳芳思2005②, 238。

（前缺）

1　☐☐☐人狀☐☐☐

2　☐☐☐花並惣干死, 伏☐☐☐

3　☐☐☐路, 請處分, 謹牒。

4　☐☐☐元年正月　日拔栁百姓没☐☐☐

六八　唐李赤心等名簿
Kuduk-kol.043（Or.8212/1721）

2行。庫都克庫爾遺址出土。

參：沙知、吳芳思2005②，239。

（前缺）

1　李赤心　　　□□道　　　柳景□
2　李名□　　蘇仵黎
（後缺）

麻札塔格出土文書（M.T., M.Tagh., Mr.tagh.）

六九　唐牒于闐軍爲貯納熟糧事
M.T.080 (1)(2)（Or.8212/1866）

（1）5行，殘存大半方朱印；（2）3行；二片内容字跡紙質全同，應是一件文書斷爲之二片，惟不能直接綴合。麻札塔格遺址出土。

參：郭鋒1993，59；陳國燦1994，506；沙知、吳芳思2005②，263–264；沙知《勘誤》。

（1）
（前缺）

1　　　　□不闕□　　　　　□
2　　　　爛壞，□回支給鎮兵
3　　　　右公驗無損，牒于闐軍
4　　　　應貯納熟糧，准數□
5　　　　令有司□　　　　□比
（後缺）

（2）

（前缺）

1 　　　　□□爛，望請給□□□

2 　　　□□出來，請取當□□□

3 　　　　　　□□□□□□□

（後缺）

七〇　唐牒爲攤糧事

M.T.085（Or.8212/1529）

　　3行。另面爲古藏文買賣契約，參看下列相關研究。麻札塔格遺址出土。

　　參：郭鋒1993，41；Takeuchi 1997-1998，2，2，No.4；楊銘2003，18；沙知、吳芳思2005②，201；楊銘、貢保扎西、索南才讓2014，41。

（前缺）

1 　　　□□充攤糧數□□□

2 　　□實徵如前，請處□□□

3 　　□謹牒□□□

（後缺）

七一　唐詩文

M.T.086（Or.8212/1555）

　　5行。麻札塔格遺址出土。

　　參：郭鋒1993，50-51；沙知、吳芳思2005②，215。

（前缺）

1   □一爲諮□

2   □收百姓心，莫共外蕃好。即百姓□

3   □厥處置，漢何已相赴。縱□□

4   □兵馬來，但使人我恐，有損害所有。□□

5   □□□□□

（後缺）

七二　唐文書

M.T.088（Or.8212/1556）

3行。麻札塔格遺址出土。

參：郭鋒1993, 51; 沙知、吳芳思2005②, 216。

（前缺）

1   □□□□

2   □錢人妻雷□□

3   □尉遲山海□□

（後缺）

七三　唐金柱書信

M.T.092r（Or.8212/1557r）

3行。麻札塔格遺址出土。

參：沙知、吳芳思2005②, 216。

（前缺）

1   □至，得書一封，具委平善。不審信後如何，前後

2　　□□委達否? 季冬漸寒, 伏惟

3　　尊體動止萬福。金柱蒙恩, 粗□□□□

（後缺）

七四　唐別奏康雲漢文書

M.T.092v（Or.8212/1557v）

5行。連衡館、欣衡館又見德藏MIK III 7587（T IV Chotan）《唐于闐鎮神山等館支糧曆》, 爲神山堡北方館驛。麻札塔格遺址出土。

參: 郭鋒1993, 51-52; 陳國燦1994, 503; 沙知、吳芳思2005②, 217; 陳國燦2008, 202; 榮新江2015b, 21; 榮新江2017, 87。

（前缺）

1　別奏康雲漢, 作人石者羯、都多□□□

2　奴伊禮然、奴伏渾, 馬一疋、驢□□□

3　牛叁頭。揄論都督首領弓翌□□□

4　□□□左右覓戰。胡數渾, 馬□□□

5　□□　連衡監官王瓚、欣衡監官□□□□□

（後缺）

七五　唐《尚想黃綺帖》習字

M.T.095（Or.8212/1519）

10行, 重複寫"犹之若"三字。麻札塔格遺址出土。

參: 郭鋒1993, 39; 沙知、吳芳思2005②, 197; 榮新江2014, 102-103, 圖7; 榮新江2015a, 119; 榮新江2015b, 207, 圖6, 217。

（前缺）

1 　　　　　　　　　　　　　　　尥尥尥
2 　　　　　　　　　　　　尥尥尥尥尥
3 　　　　　　　　　　尥尥尥尥尥尥尥
4 　　　　　　　尥尥尥之之之之之之之之
5 　　　　　之之之之之之之之之之之
6 　　　　之之之之之之之之之之之
7 　　　之之之之之之之之之之之
8 　　　之之之之之之之之若若若若若
9 　　　　　若若若若若若若若若
10 　　　　　　　　若若若

（後缺）

七六　唐附至神山館狀

　　M.T.096（Or.8212/1535）

　　1行。神山館又見德藏MIK III 7587（T IV Chotan）《唐于闐鎮神山等館支糧曆》，爲神山堡之館驛。麻札塔格遺址出土。

　　參：郭鋒1993，44；沙知、吳芳思2005②，205。

（前缺）

1 　　　　　□請狀附至神山館通　　　

七七　唐文書

　　M.T.097（Or.8212/1545）

　　1行。麻札塔格遺址出土。

　　參：沙知、吳芳思2005②，210。

（前缺）

1　　　　　開□

（後缺）

七八　唐牒

M.T.0100（Or.8212/1546）

5行。受、付人名上有朱印。麻札塔格遺址出土。

參：郭鋒1993, 47；陳國燦1994, 505；沙知、吳芳思2005②，210。

（前缺）

1　　　　　　　　□廿九日典王際受
2　　　　　　　判　官　范　付
3　□　　牒倉曹，請准牒處分，諮
4　□　　式白
5　　　　　　　　一日

（後缺）

七九　唐楊懷□等名籍

M.T.0101（Or.8212/1533）

6行。人名右側朱點。麻札塔格遺址出土。

參：郭鋒1993, 43；沙知、吳芳思2005②，204。

（前缺）

1　　壹　□
2　　　楊懷□□

```
3              俱大□[___]
4      捌      [_____]
5          鞏守素[_____]
6          魏[_____]
```
（後缺）

八〇　唐納糧帳

M.T.0102（Or.8212/1534）

7行。麻札塔格遺址出土。

參：郭鋒1993，43；沙知、吳芳思2005②，204。

（前缺）

```
1    [___]納
2    [___]石五斗
3        [___]二斗
4        [___]零一石八斗 內小一十五石
5      [___]斗 內小麥五十七石三斗
6      [__]百零六石一斗
7        [___]內小七十[_]
```
（後缺）

八一　唐天寶七載（748）司兵王義本牒

M.T.0103（Or.8212/1536）

5行。麻札塔格遺址出土。

參：郭鋒1993，44；陳國燦1994，502；沙知、吳芳思2005②，205。

（前缺）

1　　　　　　　　　　　　□□謹牒

2　□□□牒

3　　　　□寶七載十二月　　日司兵王義本牒

4　　　　　　　　判官別將李阿小

5　　　　　　　　子將果毅都尉元鳳起

八二　唐楊子喬文書

M.T.0104r（Or.8212/1538r）

2行。朱筆。麻札塔格遺址出土。

參：郭鋒1993，45；沙知、吳芳思2005②，206。

（前缺）

1　　　　　　□□□□

2　楊子喬一百八十四□□□
　　　　　　三月十日

八三　唐試簿文書

M.T.0104v（Or.8212/1538v）

3行。上端墨書殘跡。麻札塔格遺址出土。

參：郭鋒1993，45；沙知、吳芳思2005②，207。

（前缺）

1　□□□□

2　□□□□

3　　□□□　□　試　簿□□

（後缺）

八四　素紙

M.T.0105（Or.8212/1550）

麻札塔格遺址出土。

參：沙知、吳芳思2005②, 212。

八五　唐某館廚食料帳

M.T.0106（Or.8212/1549）

2行。1行有朱點, 2行有朱筆勾勒。麻札塔格遺址出土。

參：郭鋒1993, 48-49；沙知、吳芳思2005②, 212。

1 ＿＿＿＿□肆合　葦豆四合　豉壹合肆勺
2 ＿＿＿＿　行入館　一人品官
（後缺）

八六　唐史麻鶴牒

M.T.0107（Or.8212/1561）

正面4行, 背面紙縫押"愛"字。麻札塔格遺址出土。

參：郭鋒1993, 53；沙知、吳芳思2005②, 219。

（前缺）

－－－－－－－－－－－－－－－－－－－（紙縫）

1 　　　檢案愛白
2 　　　　　九日
3 ＿＿＿日　史麻鶴牒
4 　　　　九日
（後缺）

八七 唐糧帳

M.T.0108（Or.8212/1558）

4行。麻札塔格遺址出土。

參：郭鋒1993，52；沙知、吳芳思2005②，217。

（前缺）
1 ☐☐百六十五石☐☐
2 ☐☐一百一十八石☐☐
3 ☐☐百七十六☐☐
4 ☐☐三百廿六☐☐
（後缺）

八八 唐牒爲官馬事

M.T.0109（Or.8212/1559）

2行。麻札塔格遺址出土。

參：郭鋒1993，52；沙知、吳芳思2005②，218。

（前缺）
1 ☐☐陳　狀，蒙　☐☐
2 ☐☐官　馬，請　☐☐
（後缺）

八九 唐天寶五載（746）隊正某牒

M.T.0111（Or.8212/1531）

3行。麻札塔格遺址出土。

參：郭鋒1993，42；沙知、吳芳思2005②，202。

（前缺）

1 ☐☐☐謹牒

2 　☐☐☐五載二月　日隊☐☐☐

3 　　☐☐☐十四☐☐☐☐☐

（後缺）

九〇　唐趙元□文書

M.T.0111（Or.8212/1560）

2行。麻札塔格遺址出土。

參：郭鋒1993，53；沙知、吳芳思2005②，218。

（前缺）

1 　　　趙元☐☐☐

2 　五十二☐☐☐

（後缺）

九一　唐皂羅文書

M.T.0112r（Or.8212/1532r）

2行。麻札塔格遺址出土。

參：郭鋒1993，42；沙知、吳芳思2005②，203。

（前缺）

1 　皂羅一疋 ☐☐

2 　上件☐☐☐

（後缺）

九二　唐文書

M.T.0112v（Or.8212/1532v）

3行。有墨筆勾勒。麻札塔格遺址出土。

參：郭鋒1993, 43；沙知、吳芳思2005②, 203。

（前缺）

1 ＿＿＿□奴□＿＿
2 ＿＿＿可吐家＿＿
3 ＿＿＿又問□＿＿

（後缺）

九三　唐衣物帳

M.T.0113（Or.8212/1518）

2行。麻札塔格遺址出土。

參：郭鋒1993, 39；沙知、吳芳思2005②, 197。

（前缺）

1 ＿＿＿一腰　　　蜀衫四領二＿＿
2 ＿＿＿鞢兩量

（後缺）

九四　唐開元二十六年（738）典某牒

M.T.0114（Or.8212/1530）

3行。麻札塔格遺址出土。

參：郭鋒1993, 41–42；沙知、吳芳思2005②, 202；陳國燦2013, 59。

（前缺）

1 　　　　　開元廿六年六月十三日典□□□

2 　　　　　　　　　　　判官□□□□

3 　　　　子將左果毅馮仙期□□□

（後缺）

九五　唐典帖爲追徵不到事

M.T.0116（Or.8212/1510）

5行。麻札塔格遺址出土。

參：郭鋒1993，34-35；沙知、吳芳思2005②，193。

（前缺）

1 　□□准帖所速　徵　送　先□十二□

2 　　　□□

3 　　□追徵，至今不到，請處分。典王貢檢先

4 　□□依前帖王芬徵，仍勘久

5 　□徵□諸□　□　□　□　□

（後缺）

九六　唐馬坊准式支付帳

M.T.0117（Or.8212/1551）

5行。殘朱印半方，又有朱筆橫道，表示文書作廢。麻札塔格遺址出土。

參：郭鋒1993，49；荒川正晴1994，17-18；荒川正晴1995，66-67；沙知、吳芳思2005②，213。

（前缺）

1　　　　支付仍帳次准式者☐

2　新市烏駱馬一疋留敦八 ^{主暢大意使酬 馬一疋}_{錢肆仟文}☐

3　馬一疋青驄七 ^{主張璿使酬錢叁}_{仟文} 馬一疋☐

4　馬一疋瓜敦六 ^{主何自安使酬錢}_{貳仟捌}☐

5　馬一疋瓜敦八☐☐^廣☐

（後缺）

九七　唐某次軍行等名簿

M.T.0118（Or.8212/1547）

4行。麻札塔格遺址出土。

參：郭鋒1993，47–48；沙知、吳芳思2005②，211。

（前缺）

1　☐☐蘭　趙庭蘭☐

2　☐　　軍　　行☐

3　☐慈景嵩　　劉☐☐

4　☐賀孝順　張☐

（後缺）

九八　唐書信

M.T.0119（Or.8212/1553）

2行。麻札塔格遺址出土。

參：郭鋒1993，50；沙知、吳芳思2005②，214。

1　違奉已久，思☐

2　阿姊夫尊體動☐☐☐

（後缺）

九九　唐馬坊牒爲所由申三患事

M.T.0120（Or.8212/1552）

3行。背面紙縫有押字"☐☐人"。麻札塔格遺址出土。

參：郭鋒1993，49-50；沙知、吳芳思2005②，213；王興伊、段逸山2016，407。

（前缺）

1　☐☐--------八日-----（紙縫）

2　☐☐八　勑伍兩　肯貳兩四銖

3　☐☐所由申三患狀到，毛歲☐☐☐

（後缺）

一〇〇　唐行军文書

M.T.0121（Or.8212/1562）

3行。麻札塔格遺址出土。

參：郭鋒1993，53；沙知、吳芳思2005②，220。

（前缺）

1　☐☐☐

2　☐☐軍迴本物不☐☐

3　☐☐☐奈何☐☐☐

（後缺）

一〇一　唐天寶十三載（754）牒
M.T.0122（Or.8212/1541）

5行。麻札塔格遺址出土。

參：郭鋒1993，46；沙知、吳芳思2005②，208。

（前缺）

1	百七十
2	四百七十五疋
3	右　被　責　通　月
4	牒　件　狀　如　前，　謹　□
5	天寶十三

（後缺）

一〇二　唐糧帳
M.T.0123（Or.8212/1539）

1行。有朱筆勾勒。麻札塔格遺址出土。

參：郭鋒1993，45；沙知、吳芳思2005②，207。

（前缺）

1　　　米九石九斗二升　　　　麥　

（後缺）

一〇三　唐天寶年間游素岩辯辭
M.T.0124（Or.8212/1515）

3行。唐朝從玄宗天寶三載到肅宗至德三年間“年”曰“載”，又于闐出土漢語文書不見肅宗至德及乾元年號，推測安史之亂初期，道路阻塞，于闐未能及時改元，仍稱天寶。故將此件文書定爲天寶年間。麻札塔格遺址出土。

參：郭鋒1993, 37；沙知、吳芳思2005②, 195。

1 ＿＿＿游素岩載卅五
2 ＿＿＿得否？仰答：但游岩依理
3 ＿＿＿□□□□□□＿＿＿
（後缺）

一〇四　唐節度副使文書

M.T.0125（Or.8212/1523）

1行。麻札塔格遺址出土。

參：郭鋒1993, 40-41；沙知、吳芳思2005②, 200。

（前缺）
1 ＿＿＿使節度副使十將都 ＿＿＿

一〇五　唐鎮將攝倉曹郝知仙狀

M.T.0126（Or.8212/1522）

4行。麻札塔格遺址出土。

參：郭鋒1993, 40；陳國燦1994, 504；沙知、吳芳思2005②, 199。

（前缺）
1 ＿＿＿無任下情。今因使
2 ＿＿＿具，謹狀。
3 ＿＿＿□丞鎮將攝倉曹郝知仙狀上

4　　　　　　　　　　　　□□□□四月五日□

一〇六　唐天寶十三載（754）文書

M.T.0127（Or.8212/1512）

6行。麻札塔格遺址出土。

參：沙知、吳芳思2005②，194。

（前缺）

1　　　　　　　　　　　　　□□□見被
2　　　□□□
3　　　□□□
4　　□□寶十三載二月　　日
5　　　　連李義白
6　　　　　　　七日

一〇七　唐狀爲替人事

M.T.0128（Or.8212/1548）

3行。麻札塔格遺址出土。

參：郭鋒1993，48；沙知、吳芳思2005②，211。

（前缺）

1　□□牒請處分□□
2　　□□收訖上□□
3　　　□□人替當□□
（後缺）

一〇八　唐天寶六載（747）客館文書
M.T.0129（Or.8212/1514）

6行。麻札塔格遺址出土。

參：郭鋒1993，36-37；陳國燦1994，501；沙知、吳芳思2005②，195。

1　天寶六載十月一日 ▢▢
2　甯慈彥向南　陳光▢▢▢
3　劉別駕向北　張判官▢▢
4　駕別駕函使使往▢▢▢
5　駕賀拔、賀婁▢▢
6　成▢▢▢▢▢
（後缺）

一〇九　唐某衙狀文事日曆
M.T.0130（Or.8212/1516）

5行。提到于闐王尉遲珪，740年前後在位。3行、5行朱書。此衙或爲安西節度副使府。麻札塔格遺址出土。

參：郭鋒1993，37-38；沙知、吳芳思2005②，196。

（前缺）

1　　廿六日　　　　　▢▢
2　　　三軍狀爲鐵▢▢
3　　　　重會入處分▢
4　　王尉遲珪狀爲▢▢
5　　　　　廿七日判▢▢

（後缺）

一一〇　唐買賣帳曆

M.T.0131（Or.8212/1517）

4行。麻札塔格遺址出土。

參：郭鋒1993，38；沙知、吳芳思2005②，196。

（前缺）

1　　賣□□□□

2　　買絹□□□

3　趙二□□□□

4　　夜璅用□□□

（後缺）

一一一　唐文書

M.T.0132（Or.8212/1520）

2行。右上方朱筆殘跡。背紙縫有押字。麻札塔格遺址出土。

參：郭鋒1993，40；沙知、吳芳思2005②，198。

（前缺）

1　　　　　　　□□□□□□□

2　　　　　　　　　　　三日

一一二　唐文書爲納馬給價事

M.T.0133（Or.8212/1521）

4行。此件文書字體拙峙，筆劃細硬，似爲木筆所寫。又，語言通俗, 内容與市馬有關, 推測書寫者當爲胡人。麻札塔格遺址出土。

　　參: 郭鋒1993, 39; 沙知、吳芳思2005②, 199; 榮新江2017, 91。

　　（前缺）

1　不如將￣￣￣出賣, 常惡 ￣￣￣
2　於此, 今不依好價給, 即是行賺。今￣￣￣
3　此價納馬, 望爲好奏　聖主, 請爲 ￣￣￣
4　￣￣￣好價, 已後更不將馬￣￣￣
　　（後缺）

一一三　唐牒殘判

　　M.T.0134（Or.8212/1513）

　　5行。此件文書編號郭鋒作Or.8212-1512。麻札塔格遺址出土。

　　參: 郭鋒1993, 35-36; 沙知、吳芳思2005②, 194。

　　（前缺）

1　　今更有前￣￣￣
2　　依檢前 ￣￣￣
3　　火急□￣￣￣
4　　什物納 ￣￣￣
5　　當日□
　　（後缺）

一一四　唐牒爲興造用石料事

　　M.T.0135（Or.8212/1525）

　　3行。麻札塔格遺址出土。

参: 郭鋒1993, 41; 沙知、吴芳思2005②, 200。

（前缺）
1 ┌────┐□牒令造┌──┐
2 ┌────┐料用石板┌──┐
3 ┌────┐牒所由┌──┐
（後缺）

一一五　唐文書

M.T.0136（Or.8212/1543）

3行。麻札塔格遺址出土。

参: 郭鋒1993, 47; 沙知、吴芳思2005②, 209。

（前缺）
1 ┌────┐百年┌──┐
2 ┌──┐十二索┌──┐
3 ┌──┐□武┌──┐
（後缺）

一一六　唐文書爲判官李令言事

M.T.0137（Or.8212/1542）

4行。麻札塔格遺址出土。

参: 郭鋒1993, 46-47; 沙知、吴芳思2005②, 209。

（前缺）
1 ┌────┐廿日┌──┐

2 ▢▢▢年八月内与官▢▢▢

3 ▢▢▢与判官李令言, 今▢▢▢

4 ▢▢▢其前▢▢▢

（後缺）

一一七　唐金奴家書

M.T.0138（Or.8212/1554）

正面10行, 背面1行。文字極其正規, 正面第10行文字當爲夾寫。麻札塔格遺址出土。

參: 沙知、吳芳思2005②, 214–215。陳國燦2008, 202。

（前缺）

1 　　　　　　六▢▢▢

2 重語丈人丈母, 金奴▢▢▢

3 應, 却赴安西, ▢▢▢

4 方便, 經節▢▢▢

5 不作活計, ▢▢▢

6 母若有▢▢▢

7 恐楚▢▢▢

8 金奴再▢▢▢

9 爲無▢▢▢

10 其仁愛▢▢▢

（後缺）

（背）

1 家公驗了

（餘白）

一一八　唐訴狀

M.T.0139（Or.8212/1537）

2行。麻札塔格遺址出土。

參：郭鋒1993，44-45；沙知、吳芳思2005②，206。

（前缺）

1　　　□是正身，亦非假冒他人
2　　　□插名妄通優勞及功優□
（後缺）

一一九　殘片

M.T.0140（Or.8212/1540）

2行。麻札塔格遺址出土。

參：郭鋒1993，46；沙知、吳芳思2005②，208。

（前缺）

1　　　□領□　　□
2　　　□　□
（後缺）

一二〇　唐司馬君靜等配刀箭簿

M.T.0140（Or.8212/1576）

5行。麻札塔格遺址出土。

參：郭鋒1993，54；沙知、吳芳思2005②，227。

（前缺）

1　　　　司馬君靜^{刀一口}□

2　　　　張光宅^{固城付了}□

3　　一　　十　　　　□

4　　　　劉荆玉^{刀一口，箭}□

5　　　　黃棲鷥^{刀一口，箭}□

（後缺）

一二一　唐牒

M.T.0142（Or.8212/1511）

5行。三行"録"上有朱印殘跡。麻札塔格遺址出土。

參：郭鋒1993, 35；沙知、吳芳思2005②, 193。

（前缺）

1　　　取□

2　　　　　　□

3　　　　　　　録□

4　　　　　檢□

5　牒檢案連如前，謹　□

（後缺）

一二二　唐殘信札

M.T.0194（Or.8212/1857）

3行。麻札塔格遺址出土。

參：郭鋒1993, 54。

（前缺）

1　□□二□□

2　　□□謝□久意□□□
3　　□□□□□□□
（後缺）

一二三　唐文書

M.T.0196a（Or.8212/1858）

3行。麻札塔格遺址出土。

參：郭鋒1993, 55；沙知、吳芳思2005②, 246。

（前缺）
1　　□□貳□□□
2　　　　謝判官□□□
3　　□□□□□□
（後缺）

一二四　殘片

M.T.0196b, c（Or.8212/1858）

（b）1行。（c）1行。麻札塔格遺址出土。

參：郭鋒1993, 55；沙知、吳芳思2005②, 246。

（b）
（前缺）
1　　　焦□
（後缺）

（c）

（前缺）

1　　　　□主持

（後缺）

一二五　圖案

M.T.0198（Or.8212/1856）

朱筆繪。麻札塔格遺址出土。

參：沙知、吳芳思2005②，245。

一二六　唐《千字文》習字

M.T.0199a（Or.8212/1859）

正面7行，背面10行。麻札塔格遺址出土。

參：沙知、吳芳思2005②，247；榮新江2015a，119；榮新江2015b，218。

（前缺）

1　　　　＿＿＿横横横横横＿＿＿＿＿＿＿＿横横之
2　　　　＿＿＿假假假假假假假假假假
3　　　＿＿＿假假假假假假假假假假
4　　＿＿＿假假假假假假假假假假假之
5　　＿＿＿假假假假假假假假假假假
6　　　＿＿＿假假假假假假假假假
7　　　　＿＿＿徒徒徒徒徒徒徒

（後缺）

（背）

（前缺）

1 ⬜欣欣欣欣欣欣欣欣欣
2 ⬜欣欣欣欣欣欣欣欣之
3 ⬜欣欣欣欣欣欣欣欣欣
4 ⬜欣欣欣欣欣欣欣欣欣欣
5 ⬜欣欣欣欣欣欣欣欣欣欣之
6 ⬜奏奏奏奏奏奏奏奏奏奏奏之
7 ⬜奏奏奏奏奏奏奏奏奏之
8 ⬜奏奏奏奏奏奏奏　奏奏
9 ⬜奏奏奏奏奏⬜奏之
10 ⬜奏奏⬜

（後缺）

一二七　唐勃羅門捺等名籍

M.T.0199b（Or.8212/1859）

2行。有朱筆殘跡。麻札塔格遺址出土。

參：沙知、吳芳思2005②, 248；袁勇2021, 18。

（前缺）

1 勃羅門捺廿一　⬜
2 疾祚卅一　伊□⬜

（後缺）

一二八　唐書信（?）

M.T.0199c（Or.8212/1859）

2行。編號郭鋒作Or.8212/1858。麻札塔格遺址出土。

參：郭鋒1993，55；沙知、吳芳思2005②，248。

（前缺）

1　　　　　　辦得
2　　　　　　約束弟

（後缺）

一二九　殘片

M.T.0209（Or.8212/1425）

2行。麻札塔格遺址出土。

參：郭鋒1993，34；沙知、吳芳思2005②，190。

（前缺）

1　　　　　□□□
2　　　　且不一以

（後缺）

一三〇　唐殘糧帳

M.T.0215（Or.8212/1423）

2行。第2行"碩"下有墨筆，似爲畫押。麻札塔格遺址出土。

參：郭鋒1993，34；沙知、吳芳思2005②，190。

（前缺）

1　　　　　伍石
2　　　　　碩（押字）

（後缺）

一三一　唐文書

M.T.0231（Or.8212/1896）

2行。麻札塔格遺址出土。

参：郭鋒1993, 61; 沙知、吴芳思2005②, 281。

（前缺）

1 　　　　[食]餘飼交□　　
2 　　　□□□　　
（後缺）

一三二　殘片

M.T.0236bis（c）（Or.8212/1911）

2行。麻札塔格遺址出土。

参：沙知、吴芳思2005②, 288。

（前缺）

1 　　　□□
2 　　　□令狐
（後缺）

一三三　唐詩文

M.T.0394+M.T.0391（Or.8212/1767+1768）

5行。麻札塔格遺址出土。

参：沙知、吴芳思2005②, 239。

（前缺）

1 　　　　　　　　歌□□

2　　　　　　　　□□無情鬼亦曾。□□□外出，不及眼前登。

3　自別奴々面，關山數万重。除非夢裏見，忽教眼前空。

4　兩個從奴〔奴〕，怜時一衆怜。□平悠自苦，何忍更

　　□□。

5　雖未同床枕，合心　　　□□

一三四　唐寒食科徵大皮鼓文書

　　M.T.0395（Or.8212/1769）

　　2行。有朱筆殘跡。麻札塔格遺址出土。

　　參：沙知、吳芳思2005②，240。

（前缺）

1　寒食當界科大皮鼓　　□

2　壹拾面　壹□□　　□

（後缺）

一三五　唐牒爲禮席用糧事

　　M.T.0399（Or.8212/1771）

　　3行。有朱筆句讀。麻札塔格遺址出土。

　　參：沙知、吳芳思2005②，240。

（前缺）

1　　　　□石粳米一斗

2　　　　家貧不辦，

3　　　　□禮席請

（後缺）

一三六　雜寫

M.T.0403（Or.8212/1772）

4行。麻札塔格遺址出土。

參：沙知、吳芳思2005②, 241。

1　　　　弓一張　弓壹張張　張荔　荔非大
2　　　　□又張張　　　張　王真卿　張暉
3　　　　　　□守王分□姜　吳什一
4　　　　張怗二兄　　兄　兄歌子
5　　張　　　　　　□□□
　（後缺）

一三七　唐牒

M.T.0404（Or.8212/1773）

2行。麻札塔格遺址出土。

參：沙知、吳芳思2005②, 241。

　（前缺）
1　右件人等仰　　
2　□分　　
　（後缺）

一三八　唐用糧帳

M.T.0469（Or.8212/717）

4行，背面有于闐文4行。麻札塔格遺址出土。

參：Maspero 1953, 189, No.464; 陳國燦1994, 522; 沙知、吳

芳思2005①, 192。

　　（前缺）
1　給付▢▢▢▢
2　人各扣面伍▢▢▢
3　白米貳▢▢▢▢
4　典馬▢▢▢
　　（後缺）

一三九　唐玉奴辯辭

　　M.T.0478（Or.8212/706）、M.T.0623（Or.8212/712）

　　兩件字體、墨色、紙質均同, 都提到玉奴, 今並爲一件。分別存4行、2行。麻札塔格遺址出土。

　　參: Maspero 1953, 187-188, No.453, pl.XXXV; 陳國燦 1994, 510-511; 沙知、吳芳思2005①, 186、189。

　　（一）
　　（前缺）
1　▢▢▢▢□馬遂羝頭▢▢▢
2　▢▢▢▢□剥脱衣裳▢▢▢
3　▢▢▢▢玉奴解手。玉奴▢▢▢▢
4　▢▢▢▢□被馬將□▢▢▢▢
　　（後缺）

　　（二）
　　（前缺）

1　　□南城西卅家渠
2　　據史德去否，玉奴
（後缺）

一四〇　　唐蔡堂光等納物簿

　　M.T.0620（1~2）（Or.8212/721）

　　兩殘片，一片1行，一片2行。麻札塔格遺址出土。

　　參：Maspero 1953, 190, No.468；陳國燦1994, 512；沙知、吳芳思2005①, 193。

　　（1）
　　（前缺）
1　　　□納
2　　　以自納
　　（後缺）

　　（2）
　　（前缺）
1　　　蔡堂光納
　　（後缺）

一四一　　唐某人辭

　　M.T.0620 (3)（Or.8212/721）

　　2行。紙裂爲兩段，“肯”字不夠連貫。麻札塔格遺址出土。

　　參：Maspero 1953, 190, No.468；陳國燦1994, 514；沙知、吳芳思2005①, 194。

（前缺）

1 ⬚⬚⬚⬚回麵，餘不肯還，□⬚⬚⬚⬚

2 ⬚⬚⬚人事今□⬚⬚⬚

（後缺）

一四二　殘片

M.T.0620 (4)（Or.8212/721）

1行。麻札塔格遺址出土。

參：陳國燦1994, 513；沙知、吳芳思2005①, 194。

（前缺）

1 ⬚⬚⬚先封一僧⬚⬚⬚

（後缺）

一四三　唐達踵瑟文書

M.T.0620 (5)（Or.8212/721）

2行。麻札塔格遺址出土。

參：Maspero 1953, 190, No.468；陳國燦1994, 513；沙知、吳芳思2005①, 195。

（前缺）

1 ⬚⬚⬚達踵瑟壹⬚⬚⬚

2 ⬚⬚⬚師那西⬚⬚⬚

（後缺）

一四四　唐菓物帳

M.T.0621（Or.8212/719）

5行。第1、2行行間有勾符。麻札塔格遺址出土。

參：Maspero 1953，190，No.466；陳國燦1994，523；沙知、吳芳思2005①，192；王興伊、段逸山2016，121。

（前缺）

1	胡桃貳阡顆　石榴貳
2	蔔勃貳拾顆　杏仁三斟伍勝
3	拾顆
4	家人執壁 鐺鑒壹具　豐財
5	□□　金□

（後缺）

一四五　唐家人胡子等用糧帳

M.T.0622（Or.8212/716）

4行。背面是胡語字母。麻札塔格遺址出土。

參：Maspero 1953，189，No.463；小田義久1962，140–147；陳國燦1994，521；沙知、吳芳思2005①，191。

（前缺）

1 □

2 家人胡子等貳

3 買白米貳

4 面伍斟

（後缺）

一四六　唐貞元（？）四年（788）官將文書

M.T.0624（Or.8212/714）

3行。麻札塔格遺址出土。

參：Maspero 1953, 189, No.461；陳國燦1994, 516；池田温1996, 213–214；沙知、吳芳思2005①, 190。

1　□元四年□▭
2　官將進屯□▭
3　又續領麵伍斗 ▭
　（後缺）

一四七　唐寫本《劉子·禍福》第四十八

M.T.0625（Or.8212/725）

7行，上有界欄線。北齊劉晝《劉子·禍福》第四十八殘文，唐人寫本。按《禍福》亦見於敦煌本《劉子》（P.3704），惟文字多於此件，且有異同。

參：Maspero 1953, 191, No.472, pl.XXXV；榮新江1993, 416；陳國燦1994, 526–527；沙知、吳芳思2005①, 196；榮新江2015a, 118；榮新江2015b, 216–217, 圖3。

　（前缺）
1　蘇之國（困）越接（棲）▭
2　之霸，武王强盛 ▭
3　駢出奔以爲禍▭
4　以類推，昔宋人有▭
5　北有胡馬之利，以至▭
6　修善即妖反（變）爲祥見▭

7 丁之時, 亳有災幸□□□

（後缺）

一四八　唐計會牒並判
M.T.0626（Or.8212/724）

8行。麻札塔格遺址出土。

參：Maspero 1953, 191, No.471；陳國燦1994, 508；沙知、吳
芳思2005①, 196。

（前缺）

1　□□千 六 □　□□□
2　□□日 計 會 □　□□□
3　□□中云何女婦勿悉必波
4　　　　　　　韋照□
5　□□虛功直
6　□□分付仰速
7　□□付司彥示
8　　　　　　廿五日
（後缺）

一四九　唐桑拱野村羯陵捺等名籍
M.T.0627（Or.8212/723）

3行。麻札塔格遺址出土。

參：Maspero 1953, 191, No.470；陳國燦1994, 524；沙知、吳
芳思2005①, 195；吉田豐2006, 134；小口雅史2007a, 25；吉田豐
2012c, 149；袁勇2021, 18。

（前缺）

1　悉□卅三　勿□捺卅☐☐☐

2　桑拱野村羯陵捺卅☐☐☐

3　瑟蘇蘭若村師☐☐☐

（後缺）

一五〇　唐于闐謀常監館糧米帳

M.T.0628r（Or.8212/708r）

4行。謀常館又見德藏MIK III 7587（T IV Chotan）《唐于闐鎮神山等館支糧曆》，爲神山堡北方館驛。麻札塔格遺址出土。

參：Maspero 1953, 187, No.455, pl.XXXV；陳國燦1994, 517；沙知、吳芳思2005①, 187；陳國燦2008, 202；榮新江2015b, 17。

（前缺）

1　　　　☐☐謀常監館二人糧

2　　　　☐監館二人糧，米四勝。

3　☐☐二人糧，米四勝。

4　☐☐六勝。

（後缺）

一五一　唐與丈母書

M.T.0628v（Or.8212/708v）

3行。

參：Maspero 1953, 187, No.455；陳國燦1994, 518；沙知、吳芳思2005①, 187。

1　自別已久，早經☐☐
2　丈母尊體動止萬福☐☐
3　　　　☐☐憶☐
（後缺）

一五二　唐某寺食用帳曆

M.T.0629（Or.8212/713）

3行。背面胡語。據唐曆，十一月十五日爲冬至者有655、720、769、788年。麻札塔格遺址出土。

參：Maspero 1953，188，No.460；陳國燦1994，519；池田温1996，212–213；沙知、吴芳思2005①，190。

（前缺）
1　☐☐十五日冬至，衆僧☐☐
2　☐☐五勝，直歲　　都維那☐☐
3　☐☐十六日小食，用麵☐☐
（後缺）

一五三　唐醫書

M.T.0630（Or.8212/720）

5行。大字正文，雙行小注，有界欄，爲正規醫書寫本。麻札塔格遺址出土。

參：Maspero 1953，190，No.467，pl.XXXV；陳國燦1994，528；沙知、吴芳思2005①，193；王興伊、段逸山2016，226–227。

（前缺）
1　　　　☐☐☐（須）☐☐

2 婦人
不用 雞鳴 ☐☐

3 兩枚 以骨石
雞子手 ☐☐

4 楯一枚 削
長 ☐

5 五穀米
粟之屬 梳刷 ☐

（後缺）

一五四　唐糧食帳

M.T.0631（Or.8212/710）

3行。第2行、3行有墨筆勾除。麻札塔格遺址出土。

參：Maspero 1953, 188, No.457, pl.XXXV；陳國燦1994, 520；沙知、吳芳思2005①, 188。

（前缺）

1 ☐☐☐

2 ☐四石三斗　粟四石七斗

3 ☐石一斗六勝☐

（後缺）

一五五　唐張日興牒

M.T.0632（Or.8212/707）

正背皆1行，均有朱印。麻札塔格遺址出土。

參：Maspero 1953, 187, No.454；陳國燦1994, 509；沙知、吳芳思2005①, 186。

（前缺）

1 ☐張日興牒

（背）

1 ☐☐追

---☐--紙縫

一五六　唐貞元六年（790）善政坊羅勃帝芬等納神山馬料抄

M.T.0634（Or.8212/709）

　　4行。1行、3行有墨筆勾除。勃帝芬爲粟特名"pwtyprn"音譯。神山館又見德藏MIK III 7587（T IV Chotan）《唐于闐鎮神山等館支糧曆》，爲神山堡之館驛。麻札塔格遺址出土。

　　參：Maspero 1953, 187–188, No.456；陳國燦1994, 507；荒川正晴1994, 32；荒川正晴1995, 73；關尾史郎1997, 182, 193–186；沙知、吳芳思2005①, 188；陳國燦2008, 201；沈琛2016, 413。

　　（前缺）

1　善政坊羅勃帝芬神山納馬料青麥☐☐☐

2　斜。貞元六年十月四日，館子王仵郎抄。

3　宜貨坊楊師神山☐☐料青麥壹☐☐

4　☐☐年十月四日館子☐☐

　　（後缺）

一五七　唐張孚神文書

M.T.0634（Or.8212/1104）

　　2行。第1行名字部分用墨筆勾削。編號郭鋒誤作M.T.0134。

　　參：郭鋒1993, 33；沙知、吳芳思2005②, 46。

（前缺）

1　張孚神□□

2　□

（後缺）

一五八　唐錢帳

　　M.T.0634 (1) (4)（Or.8212/715）

兩殘紙，一片1行，一片2行。麻札塔格遺址出土。

　　參：Maspero 1953, 189, No.462；陳國燦1994, 515；沙知、吳芳思2005①, 191。

　　　（一）M.T.0634（1）

　　（前缺）

1　　□□貫八十四文

　　（後缺）

　　　（二）M.T.0634（4）

　　（前缺）

1　　　　□□十二月廿八日信□□

2　　　　□□卅貫文。正月十六□□□

　　（後缺）

一五九　唐家書

　　M.T.0634 (2)（Or.8212/711）

4行。麻札塔格遺址出土。

　　參：Maspero 1953, 188, No.458；陳國燦1994, 525；沙知、吳芳思2005①, 189；沙知《勘誤》。

（前缺）

1 ☐夜懸念,情何☐

2 ☐常聞汝等☐

3 ☐知念慎。夏☐

4 ☐七月四☐

（後缺）

一六〇　唐告身

M.T.a.001（Or.8211/951）

13.5×10cm，3行。告身主人曾任左金吾衛大將軍試太常卿。麻札塔格遺址出土。

參: Chavannes 1913, 201, pl.XXXII。

1 ☐身左金吾衛大將軍試太常☐

2 ☐□道安西馬兵

3 ☐馬及安西

一六一　殘片

M.T.a.002（Or.8211/952）

殘損過甚，難以辨識。麻札塔格遺址出土。

參: Chavannes 1913, 201, pl.XXXII。

（文字無法釋讀）

一六二　唐鎮守使文書

M.T.a.003（Or.8211/953）

11.2×2.9cm，1行。麻札塔格遺址出土。

參：Chavannes 1913, 201, pl.XXXII。

1　鎮守使☐☐☐

一六三　唐寫本禪籍

M.T.a.003（Or.8211/957）

　　8行。麻札塔格遺址出土。其文字多見於敦煌禪籍《大乘無生方便門》（CBETA, T85, no.2834, p.1275, a5-14; p.1277, b8-20），然不能完全一一對應。

　　參：Chavannes 1913, 202。

（前缺）

1　☐☐☐☐☐☐☐菩提等☐☐☐☐☐☐☐大☐☐☐☐
2　☐☐☐五根惣是惠門。如光明世界以明爲佛事☐☐☐
3　☐☐☐惠門。香積世界爲以香爲佛事，鼻根☐☐☐
4　☐☐☐門。蓮花藏世界以花爲佛事，身根爲惠☐☐☐
5　☐☐☐心不動是金剛墜，定身不動是般若☐☐☐
6　☐☐☐不思義由不思故，心行處滅不思識☐☐☐
7　☐☐☐以不思義由故，不見須彌是大芥子☐☐☐
8　☐☐☐名不思義解脱法門。舍利弗念食床坐☐☐☐
（後缺）

一六四　唐寫本《神會語録》

M.T.b.001（Or.8211/958）

　　15×6.5cm, 8行。麻札塔格遺址出土。

　　參：Chavannes 1913, 203, pl.XXXII; Demiéville 1961, 6; 榮新江2015b, 180。

（前缺）

1 ☐☐邊義，中通義亦不☐☐

2 ☐☐乘。問：二乘有何差☐☐

3 ☐☐六波羅蜜亦復如是☐☐

4 ☐☐行。但見本自性☐☐

5 ☐☐名最上乘。問：不立緣☐☐

6 ☐☐其本空寂體中☐☐

7 ☐☐一切法邪☐☐

8 ☐☐起無明，成☐☐

（後缺）

一六五　唐桑宜没等人納糧帳

M.T.b.002（Or.8211/963r）

11.5×10.8cm，5行。背面于闐語佛典參IOL Khot 195/7。麻札塔格遺址出土。

參：Stein 1921, 1289; Chavannes 1913, 204, pl.XXXII；池田溫1996, 224。

（前缺）

1 ☐☐　☐☐☐☐二斗，青三斗。

2 ☐☐　桑宜没粟二斗。

3 ☐☐　　　青一斗。

4 ☐☐☐　王粟二斗，青三斗。

5 ☐☐☐斗。

6 ☐☐　桑恬青二斗。

（後缺）

一六六　唐人破曆

M.T.b.003r（Or.8211/962r）

19.2×12cm，3行。第3行末有朱筆書寫，不可識讀。麻札塔格遺址出土。

參：Chavannes 1913, 203-204, pl.XXXII。

（前缺）

1　廿一日出入：食裏皮□入生皮□□□
2　廿二日出入：食皮五十二張^{內卅五□□}_{二十七殺}
3　以前計欠一百廿張未納。　□□通狀□
（後缺）

一六七　唐薛剌村殘狀

M.T.b.003v（Or.8211/962v）

2行。

參：Chavannes 1913, 204, pl.XXXII。

1　薛剌村　　　　　　　　狀上
2　放牧人牛嘉婁　張羅順 已上七月到。

一六八　唐拾寶官張穎文書

M.T.b.005（Or.8211/964）

12.3×8cm，1行。麻札塔格遺址出土。

參：Chavannes 1913, 204, pl.XXXII。

1　　　□□□河拾寶官張穎

一六九　唐李仲雅《蘭亭序》習字
M.T.b.006r（Or.8211/965r）

5行。殘存"欣"字1行和"俛"字2行，爲《蘭亭序》"向之所欣，俛（俯）仰之間"一句的習字，中間爲學生李仲雅仿書題記2行。麻札塔格遺址出土。

參：Chavannes 1913, 204, pl.XXXII；陳麗芳2014, 41；榮新江2015a, 118, 124；榮新江2015b, 197–198, 圖8, 207–208, 217, 222。

（前缺）

1 ⬚欣欣欣欣欣欣欣欣
2 ⬚　　補仁里　祖爲户
3 ⬚生李仲雅仿書卌行，謹呈上。
4 ⬚俛俛俛俛俛俛俛俛俛
5 ⬚俛俛俛俛俛俛俛俛

（後缺）

一七〇　唐《尚想黃綺帖》習字
M.T.b.006v（Or.8211/965v）

6行。殘存"當"字2行和"抗"字4行，是《尚想黃綺帖》"吾比之張、鐘當抗行"一句的習字。

參：Chavannes 1913, 204, pl.XXXII；榮新江2015b, 197–198, 圖8, 207–208, 217。

（前缺）

1 ⬚當當當當當當當々
2 ⬚當當當當當當當當當

3　　　　抗抗抗抗抗抗抗抗抗々
4　　　　抗抗抗抗抗抗抗抗々
5　　　　抗抗抗抗抗抗抗抗
6　　　抗
（後缺）

一七一　殘片

M.T.b.006a（Or.8211/966）

5.6×5cm，2行。麻札塔格遺址出土。

參：Chavannes 1913, 205, pl.XXXII。

（前缺）
1　　　　爲計自
2　　　　有何
（後缺）

一七二　唐入破曆

M.T.b.007（Or.8211/968）

18×15.4cm，7行。第6行右側畫有墨綫。麻札塔格遺址出土。

參：Chavannes 1913, 205, pl.XXXVI。

（前缺）
1　帖壹□
2　又壹道□分付
3　五石帖石野穆事。
4　又帖上座法嵩爲分付勿莽□

5　同日,付胡子十一日麥六斗,　◻

6　十口,出賣與織◻氈匠◻

7　日別五十文,計五千文。

（後缺）

一七三　唐傔人文書

M.T.b.008（Or.8211/967）

2.4×12.3cm,1行。麻札塔格遺址出土。

參：Chavannes 1913, 205, pl.XXXVI。

1　傔白丁賞緋魚袋張◻

一七四　唐于闐某寺支用曆

M.T.b.009（Or.8211/969~972）

4片,67行。池田温據"大小月"推測該文書可能年代爲長安二年或開元九年,又因文書無武周新字而定爲開元九年（721）至十年文書。麻札塔格遺址出土。

參：Chavannes 1913, 205–216; pl.XXXIII–XXXVI;池田温1979,錄文140號;陳國燦1994,489–499;池田温1996,207–225;荒川正晴1997,12;沙知、吳芳思2005②,324–329;吉田豐2006,128;吉田豐2012b,172。

（前缺）

1　廿六日,出錢肆伯文,爲求福患行軍設齋,雇李◻

2　　伍㪷半面胡餅腳^{八十文},買菓子^{二百卅五文},沽酒◻

3　　奏、傔等用。出錢壹伯伍拾文,付匠閻門添,充縫皮　　裘手功價。出錢三伯文,買膠

4 　　貳斤^{斤別一百五十文}，供雜用。直歲僧法空、都維那僧名圓、寺主僧日清、上座僧法海。

5 廿九日，出錢壹伯貳拾，沽酒三䤩，爲廚、庫、園子家人□得滿等掏井寒凍辛苦吃。出錢

6 壹阡壹伯貳拾文，付子傔楊景昇，准作車□捌拾座^{座別一十四文}，就林取。出錢壹伯貳拾文，

7 沽酒三䤩與搊衆堂工匠氾璡等辛苦吃。直歲僧法空 都維那僧名圓

8 　　寺主僧日清　　　　　　　上座僧法海

9 同日，出錢貳阡伍伯文，籴僧惠澄乾葡萄兩碩^{䤩別五十文}。小麥伍碩^{䤩別卅文}。其麥納外庫，

10 付典坐僧惠光。直歲僧法空　都維那僧名圓　寺主僧日清　上座僧 法海

11 同日，出錢柒伯陸拾文，付求福，充還先雇匠寶財助造官氈手功價。出錢壹阡柒

12 伯叁拾文，付市城政聲坊叱半勃曜諾，充還家人悉末止稅並草兩絡子價。出錢貳伯

13 文，付同坊叱半可你娑，充還家人盆仁挽稅並草兩絡子價。直歲僧法空 都維那僧名圓

14 　　寺主僧日清　　　　　　　上座僧法海

-----（海）-----------------------------

15 十一月一日，出錢貳阡壹伯陸拾文，籴油麻兩碩四䤩^{䤩別九十文}。出錢伍伯貳拾文，籴棗壹碩貳䤩^{䤩別卅文}，並供衆用。出錢壹伯文，新莊先陳狀，又請掏

16 山水渠鄉原沽酒，供百姓用，付直歲僧幽潤。

17　出錢壹伯捌拾文,西舊園狀請兩處掏渠鄉原沽酒,供百姓用,付直歲僧智寅。

18　直歲僧法空　　都維那僧名圓　　寺主僧日清　　上座僧法海

19　十三日,出錢三阡玖伯壹拾文,價綵帛貳拾叁疋_{疋別一百七十文},官科送王驃騎料,結衣舉一,並

20　結孝車、絞牀等用。出錢陸拾文,買紙壹帖,供文曆用。出錢壹阡文,付孔家,充還先

21　沽甜漿一甕價。出錢叁伯柒拾文,付凡(瓦)匠莽宜,充造巩(瓨)器手功價。直歲僧法空。

22　都維那僧名圓　　　寺主僧日清　　　上座僧法海
（中缺）

23　都維那僧名圓　　　寺主僧日清　　　上座僧法海

24　廿七日,出錢伍伯伍拾文,買氎箔一,付匠万金等,造氎使用。出錢伍伯貳拾文,買土氎布一,長一

25　丈,給付廚子家欽狀請充袴用。出錢陸伯柒拾伍文,買鐋鑑一具_{三百文},酒一石,價_{三百七十五文}。

26　西莊狀請營農及供來往徵催公客要用,付直歲僧善法。直歲僧法空

27　都維那僧名圓　　　寺主僧日清　　　上座僧法海

28　廿九日,出錢玖伯玖拾文,付匠劉阿師奴,充還雇造官氎手功價。出錢壹阡捌伯文,籴河

　　-----（海）-----------------------------

29　粟壹拾貳碩_{斗別一十五文}。其粟納外庫,付典座僧惠光。　　直歲僧法空

30　　都維那僧名圓　　寺主僧日清　　　上座僧法海

31　同日，出錢壹伯伍拾文，付匠閻門捺，充還縫皮裘手工
　　價。出錢貳伯文，付市城安仁坊叱半

32　慶蜜，充還家人勿悉滿稅草兩絡子價。直歲僧法空
　　都維那僧名圓

33　寺主僧日清　　　　上座僧法海

34　十二月一日，出錢伍伯伍拾文，付市城安仁坊叱半蚰
　　蜜，充還家人勿悉滿又科着稅。出錢玖拾文，買

35　新巩（瓦）叁口^{口別卅文}，供眾堂內官道場結壇用。出
　　錢貳伯壹拾文，付獸醫合藥灌療王

36　驃騎家施來患草馬用。出錢壹伯貳拾文，買紙兩帖
　　^{帖別卅五文}，筆兩管^{管別一十五文}，抄文曆用。

37　直歲僧法空　都維那僧名圓　　　寺主僧日清
　　上座僧法海

38　八日，出錢壹伯叁拾伍文，籴澡豆貳勝^{勝別十文}、杏仁貳
　　勝^{勝別廿文}、榅桲叁拾顆^{廿五文}、酢壹䑸^{五十文}，

39　供齋及溫室蘇合等用。出錢捌拾文，付匠野那，充
　　還雇畫行城幢傘龍鳳等手功。

40　出錢叁拾文，買澇籬兩個，供廚用。出錢壹伯壹拾
　　文，籴豉貳勝^{勝別十文}、柘榴兩顆^{顆別一十五文}、

41　胡餅肆䑸面腳^{䑸別十五文}，供添朱副使九日設齋用。直
　　歲僧法空　都維那僧名圓

42　寺主僧日清　　　　　上座僧法海

43　十五日，出錢玖拾文，買柘留兩顆^{卅文}、胡餅肆䑸面腳

　　　　　　　^{六十文}、添行軍齋供用。出錢壹伯柒拾

44　　　┌──────────────────┐
　　　　└──────────────────┘

（中缺）

45　卅日，出錢柒伯伍文，沽酢陸^{斗別五十文}，籴豉陸勝
　　　^{勝別一十文}、柘留叁顆^{顆別十五文}、胡餅兩碩面腳

46　^{每斗十五文}，供衆歲節三日用。直歲僧法空　都維那僧
　　　名圓　寺主僧日清　上座僧法海

47　同日，出錢貳阡肆伯捌拾肆文，籴乾蒲萄壹碩叁勝
　　　^{勝別五文}、菉豆壹斗捌勝^{勝別一十五文}，籴

48　油麻壹碩伍斗壹勝^{勝別九文}、小豆叁斗肆勝^{勝別一十文}，
　　　並供衆用。直歲僧法空

49　都維那僧名圓　　　寺主僧日清　　　上座僧法海

50　正月四日，出錢壹伯捌拾伍文，沽酢壹斗捌勝^{勝別五文}、
　　　豉貳勝^{勝別十文}、柘留壹顆^{十五文}、胡餅肆斗

51　面腳^{斗別十五文}，爲道超亡父設忌齋供衆用。出錢壹伯
　　　文，買紙兩帖^{帖別五十文}，供文曆用。

52　直歲僧法空　都維那僧名圓　　　寺主僧日清　　上
　　　座僧法海

53　十四日，出錢壹伯文，買白紙兩帖^{帖別五十文}，糊燈籠卅八
　　　個，並補帖燈面用。出錢貳伯玖拾伍文，

54　籴稻穀花貳勝^{六十文}、餳壹斤半^{一百文}、柘留叁顆
　　　^{卅五文}、棗貳勝^{十二文}、梅子壹勝^{八文}、阿魏

55　^{卌文}、榅桲貳拾顆^{廿文}、煙熏蒲萄壹勝^{十文}，供看燈官

僚蘇山藥食等用。直歲僧法空

56　都維那僧名圓　寺主僧日清　　　　上座僧法海

57　廿二日，出錢捌伯文，付西河勃寧野鄉厥彌拱村叱半薩董，充家人悉勿吉良又科着稅

58　並草兩絡子價。出錢壹伯陸拾伍文，沽酢貳𭃗^{一百文}、豉貳勝^{廿文}、胡餅叁𭃗面腳^{卅五文}，

59　供當寺眾僧。出錢壹伯文，付桑宜洛，充買袴布緤花價。直歲僧法空

60　都維那僧名圓　　　寺主僧日清　　　　上座僧法海

　　（中缺）

61　文付鎮海坊叱半莎　　　　　　　　　　　，充還先糴草豉壹

62　勝價。直歲僧法空　都維那僧名圓　寺主僧日清上座僧法海

63　同日，出錢壹阡貳伯伍拾文，糴粟伍碩^{斗別一十五文}。其粟便付長者，回造供寺用。糴棗壹碩

64　貳𭃗伍勝^{勝別四文}，並供眾用。直歲僧法空　都維那僧名圓　寺主僧日清　上座僧法海

　　（後缺）

一七五　唐寫本《經典釋文》卷二四《論語音義·衛靈公十五~季氏十六》

　　M.T.c.001b（Or.8211/973）

　　　5.7×7.5cm，3行大字，各有雙行小字注。與德藏Ch3473為同卷。麻札塔格遺址出土。

參：Chavannes 1913, 216, pl.XXXVI。

（前缺）

1 ☐種（章勇）類也子☐

2 才卅在處（昌慮）道☐

3 顥（音專）項（音口）見☐

（後缺）

一七六　唐糧帳

M.T.c.001c（Or.8212/1860）

正面4行。背面2行。麻札塔格遺址出土。

參：郭鋒1993，56；沙知、吳芳思2005②，249。

（前缺）

1 　一石一斗　一石五斗

2 六月七日共兩石六斗五升

3 　　　　四升

4 　卅一石七斗九升五合

（後缺）

（背）

（前缺）

1 ☐十一石八斗四升

2 　　☐　　　　　　　十一石七斗

（後缺）

一七七　唐辯詞爲財産事

　　M.T.c.ii.0067（Or.8212/1930(1)）

　　7行。麻札塔格遺址出土。

　　參：郭鋒1993，61；沙知、吴芳思2005②，298。

　　（前缺）

1　者，請官不□□□□□
2　家生奴天奴　度婢□□□□
3　花氈兩領　白氈兩□□□
4　衣物□收，主无驗□□□□
5　奴没到□□□，故氈毹壹□□
6　壹頭，已□□男僧法□□□
7　婢，善女從良，故度婢爲□□□
　　（後缺）

一七八　唐建中七年（786）十一月十九日節度副使蘇某牒爲趙法仙發遣事

　　M.T.c.iii（Or.8211/974）

　　28×23cm，9行。麻札塔格遺址出土。

　　參：Chavannes 1913，216–217，pl.XXXVI；《于闐史叢考》，146；《于闐史叢考》（增訂本），113。

1　　仲冬嚴寒，伏惟准狀各各牒所由者。其趙
2　　法仙仍當日發遣訖。　發遣者，准狀仍
3　　牒舉者，准狀各牒所由者，請處分者，未
4　　有處分者，執諮取處分。使判："勒所由

5　　裝束發遣者。”准狀各牒所由者, 仍牓

6　　示, 故牒。

7　　度副使開府建中七年十一月十九日　　牒

8　　　使節度副使開府太常卿蘇

9　　　使節度副使開府太常卿蘇

一七九　殘片

M.T.c.iii.0093（Or.8212/1929(A)）

1行。麻札塔格遺址出土。

參: 沙知、吳芳思2005②, 297。

（前缺）

1　安□七女

一八〇　唐典弥姐某牒

M.T.i.16a（Or.8212/1867）

3行。麻札塔格遺址出土。

參: 郭鋒1993, 60; 沙知、吳芳思2005②, 264。

（前缺）

1　　　　□□□□

2　　　□重杖, 如更□□

3　　　□ 日 典 弥 姐□

（後缺）

一八一　唐帖爲括檢發遣入鎮事

M.T.i.16b（Or.8212/1867）

6行。麻札塔格遺址出土。

參：郭鋒1993，60；沙知、吳芳思2005②，265。

（前缺）

1　　　　　□王方義
2　　　□禮
3　　　　□牒括檢當處團結，具上件人
4　　　　　□總發遣入鎮，如□□
5　　　□□□亦令括送，待憑罰給（團結？）
6　　　　　□海帖

（後缺）

一八二　殘片

M.T.i.19a（Or.8212/1898）

1行。背有一行胡語。麻札塔格遺址出土。

參：郭鋒1993，60；沙知、吳芳思2005②，282。

（前缺）

1　　　□遣人來，即□□

一八三　唐牒

M.T.i.19b, f（Or.8212/1898）

（b）3行，（f）1行。麻札塔格遺址出土。

參：沙知、吳芳思2005②，283。

（b）

（前缺）

1　　　□□牒稱□□

2　　□人久在□□

3　　□　□

（後缺）

（f）

（前缺）

1　　□□行路□□

（後缺）

一八四　唐左三文書

M.T.i.19c（Or.8212/1898）

1行。麻札塔格遺址出土。

參：郭鋒1993, 61; 沙知、吳芳思2005②, 284。

1　左三□□

（後缺）

一八五　殘片

M.T.i.19d（Or.8212/1898）

2行。麻札塔格遺址出土。

參：郭鋒1993, 60–61; 沙知、吳芳思2005②, 284。

（前缺）

1　　□□□□□□

2 ⬚⬚婆星⬚⬚
（後缺）

一八六　唐寺院文書
M.T.（Or.8211/954）

7.5×2cm，正背書，正背各1行。麻札塔格遺址出土。
參：Chavannes 1913, 202, pl.XXXII。

1　都維那僧法照
2　⬚⬚□逃人答拜昌□⬚⬚
（後缺）

麻札托格拉克出土文書（M. T.）

一八七　殘片
M.T.20（IOL Khot 43/11~20）

10殘片，僅餘殘字。多不可辨識。

1　⬚⬚□日催□⬚⬚
2　⬚⬚　　　發⬚⬚

一八八　唐開元十五年（727）屋悉貴叱半納馳驢料抄
M.T.25（Or.8211/1734）

木簡，37.0×2.8 cm。正背各1行。按，和田出土納税木簡上，除了漢語于闐語雙語記録外，都有深淺刻痕，通過和雙語簡文的比對可知，深刻痕對應糧食單位碩（于闐語作 kūsa），淺刻痕則對應斗（于闐語作 ṣaṃga / kha），以下簡牘文字或已模糊不清，但刻痕猶在，可以推知交稅數額。本簡有深刻痕一，淺刻痕六，下端有孔。據同組文書，當爲開元十五年。麻札托格拉克遺址出土。

參：藤田高夫2001，365，370；荒川正晴2011，39；荒川正晴2014，8。

r1　　屋悉貴叱半□□檅□駞□□□壹碩陸斗，四月冊（？）日
　　　□□

v1　　□□□。

一八九　唐開元十五年（727）屋悉貴叱半納駞驢料抄
M.T.26（Or.8211/978）

木簡，現斷爲兩段，分別爲29.6cm，7.4cm，整簡大約36×2.2cm。1行。有深刻痕三，下端有孔。據閏九月，可知當爲開元十五年。麻札托格拉克遺址出土。

參：Chavannes 1913，218，pl.XXXVII；東野治之1983，46；藤田高夫2001，366-367；荒川正晴2011，39；荒川正晴2014，6-7。

1　　屋悉貴叱半□□□納十五年駞驢料青叄碩，閏九月十
　　　日□□。

一九〇　唐開元十五年（727）屋悉貴叱半納駞驢料抄（？）
M.T.27（Or.8211/1735a）

木簡，上半已殘，字跡模糊。下端有孔。麻札托格拉克遺址出土。

參：藤田高夫2001，365。

r1　　━━━□□□□□□□━

一九一　唐開元十五年（727）屋悉貴叱半納驢驢料抄（?）
　　M.T.27（Or.8211/1735b）

　　木簡, 上下均殘, 字跡模糊。麻札托格拉克遺址出土。

　　參: 藤田高夫2001, 365。

　r1　　（文字無法釋讀）

一九二　唐開元十五年（727）屋悉貴叱半納驢驢料抄（?）
　　M.T.29（Or.8211/1765a）

　　木簡, 下半殘, 有深刻痕一, 淺刻痕七。麻札托格拉克遺址出土。

　　參: 藤田高夫2001, 365。

　r1　　（文字無法釋讀）
　v1　　□□□官楊□。（後爲于闐文）

一九三　唐開元十五年（727）屋悉貴叱半納驢驢料抄（?）
　　M.T.29（Or.8211/1765b）

　　木簡, 有深刻痕一, 淺刻痕七, 下端有孔。麻札托格拉克遺址出土。

　　參: 藤田高夫2001, 365。

　r1　　□□□□□十月廿九日□□□□□
　v1　　□□□官楊□。（後爲于闐文）

一九四　唐開元十五年（727）屋悉貴叱半納驢驢料抄（?）
　　M.T.31（Or.8211/1737）

　　木簡, 文字模糊。有深刻痕一, 淺刻痕六, 下端有孔。麻札托格拉克遺址出土。

　　參：藤田高夫2001，365。

r1　　▢▢▢▢▢▢納馲𩛰料▢▢▢陸㪷▢▢▢

v1　　　▢▢▢。

一九五　唐開元十五年（727）屋悉貴叱半納馲𩛰料抄
M.T.33（Or.8211/1738）

　　木簡，30.5×3cm。有深刻痕一，下端殘，原當有孔。麻札托格
拉克遺址出土。

　　參：藤田高夫2001，365，371；荒川正晴2011，39；荒川正晴
2014，8。

r1　　屋▢▢▢▢▢▢十五年馲𩛰料青壹碩，閏九月▢▢▢

v1　　▢▢▢▢▢▢。

一九六　唐開元十五年（727）屋悉貴叱半納馲𩛰料抄
M.T.34（Or.8211/1739a）

　　木簡，30.1×2.1cm。有深淺刻痕各二，下端殘。麻札托格拉克
遺址出土。

　　參：藤田高夫2001，365，371；荒川正晴2011，39–40；荒川正
晴2014，8。

r1　　屋悉貴叱半▢▢▢納十五年馲𩛰料床兩碩貳㪷，閏九
　　　月十五▢

v1　　▢官▢▢。

一九七　唐開元十五年（727）屋悉貴叱半納驢料抄（？）
M.T.34（Or.8211/1739b）

木簡，長度10.5 cm。上殘，文字無法釋讀，下端有孔。麻札托格拉克遺址出土。

參：藤田高夫2001, 365；荒川正晴2014, 8。

r1　（文字無法釋讀）

v1　□官□□

一九八　唐開元十五年（727）屋悉貴叱半納驢料抄（？）
M.T.35（Or.8211/1740）

木簡，上端殘，下端有孔。麻札托格拉克遺址出土。

參：藤田高夫2001, 365。

r1　_____□驢驢□□□□□　　　　　　□□□□。

一九九　唐開元十五年（727）屋悉貴叱半納驢驢料抄
M.T.36（Or.8211/1736）

木簡，文字模糊。有深刻痕二，淺刻痕四，上端有孔。麻札托格拉克遺址出土。

參：藤田高夫2001, 365。

r1　屋悉貴_____

二〇〇　唐開元十五年（727）屋悉貴叱半納驢驢料抄
M.T.36（Or.8211/1741）

木簡，上端殘，殘存淺刻痕二，下端有孔。麻札托格拉克遺址出土。

　　參：藤田高夫2001，365。

r1　屋悉□□□　□□□　硕陸斟。

二〇一　唐開元十五年（727）屋悉貴叱半納馳驢料抄
　　M.T.37（Or.8211/977）

　　木簡，斷爲三段，分別爲10.5cm，20.5cm，16.5cm，整簡大約40×2.9cm。有淺刻痕一，下端有孔。麻札托格拉克遺址出土。

　　參：Chavannes 1913，218，pl.XXXVII；東野治之1983，46；藤田高夫2001，366–367；荒川正晴2011，39；荒川正晴2014，6–7。

r1　屋悉貴叱半□（悉？）冷妥納十五年馳驢料床壹斟，十
　　月□日典？□□官
v1　□□。

二〇二　唐開元十五年（727）屋悉貴叱半納馳驢料抄（？）
　　M.T.39（Or.8211/1742a）

　　木簡，上大半殘。麻札托格拉克遺址出土。

　　參：藤田高夫2001，365。

r1　　　　　□□□□□。

二〇三　唐開元十五年（727）屋悉貴叱半納馳驢料抄（？）
　　M.T.39（Or.8211/1742b）

　　木簡，上半殘。麻札托格拉克遺址出土。

　　參：藤田高夫2001，365。

r1　　　　　　　　▭▭▭碩▭▭廿五日▭。

二〇四　唐開元十五年（727）屋悉貴叱半納馳驢料抄（？）
　　M.T.39（Or.8211/1742c）

木簡，上端略殘，有深刻痕二，下半殘。麻札托格拉克遺址出土。
參：藤田高夫2001，365。

r1　　▭▭▭▭▭▭▭

二〇五　唐開元十五年（727）屋悉貴叱半納馳驢料抄
　　M.T.40（Or.8211/976）

木簡，31.4×2.9cm。本簡有深刻痕二，淺刻痕六，下端有孔。
麻札托格拉克遺址出土。
　　參：Chavannes 1913，218，pl.XXXVII；東野治之1983，46；藤
田高夫2001，366-367；吉田豊2006，110；荒川正晴2011，39；吉田
豊2012a，153；荒川正晴2014，6-7。

1　　屋悉貴叱半▭▭納十五年馳驢料床二碩陸𣁋，八月廿
　　四日▭▭▭。

二〇六　唐開元十五年（727）屋悉貴叱半納馳驢料抄（？）
　　M.T.42（Or.8211/1743a）

木簡，上殘，文字模糊。麻札托格拉克遺址出土。
參：藤田高夫2001，365。

r1　　（文字無法釋讀）

二〇七　唐開元十五年（727）屋悉貴叱半納驢騾料抄（？）

M.T.42（Or.8211/1743b）

木簡，殘缺過甚。麻札托格拉克遺址出土。

參：藤田高夫2001，365。

r1　　（文字無法釋讀）

二〇八　唐開元十五年（727）屋悉貴叱半納驢騾料抄（？）

M.T.42（Or.8211/1743c）

木簡，殘缺過甚。麻札托格拉克遺址出土。

參：藤田高夫2001，365。

r1　　（文字無法釋讀）

二〇九　唐開元十五年（727）屋悉貴叱半納驢騾料抄（？）

M.T.43（Or.8211/1744）

木簡，有淺刻痕六，上端有孔。麻札托格拉克遺址出土。

參：藤田高夫2001，365。

r1　 ▭▭□□□陸䏔，九月□□□□□。

二一〇　唐開元十五年（727）屋悉貴叱半納驢騾料抄（？）

M.T.43a（Or.8211/1745）

木簡，有深刻痕一，淺刻痕五或六，下端有孔。麻札托格拉克遺址出土。

參：藤田高夫2001，365。

r1 　☐☐☐☐☐　　　　　☐☐☐☐☐☐☐☐☐☐。

二一一　唐開元十五年（727）屋悉貴叱半納䭾驢料抄
M.T.44（Or.8211/979）

木簡，現斷爲兩段，分別26.5cm，6.3cm，整簡大約33×2.9cm。有深刻痕一，下端有孔。麻札托格拉克遺址出土。

參：Chavannes 1913, 218, pl.XXXVII；東野治之1983, 47；藤田高夫2001, 366-367；荒川正晴2011, 39；荒川正晴2014, 6-7。

1　屋悉貴叱半☐☐☐納十五年䭾驢料青壹碩，八月☐☐
　　☐☐☐☐☐。

二一二　唐開元十五年（727）屋悉貴叱半納䭾驢料抄
M.T.45（Or.8211/1746）

木簡，有淺刻痕五，下端有孔。麻札托格拉克遺址出土。
參：藤田高夫2001, 365。

r1 　☐☐驢料☐伍㪷，十月☐☐☐
v1 　☐☐☐☐☐☐☐☐。

二一三　唐開元十五年（727）屋悉貴叱半納䭾驢料抄（？）
M.T.46（Or.8211/1747）

木簡，模糊不清。麻札托格拉克遺址出土。
參：藤田高夫2001, 365。

r1 　（文字無法釋讀）

二一四　唐開元十五年（727）屋悉貴吒半納馳驢料抄（？）
M.T.49（Or.8211/1748）

木簡，已斷爲四節，上殘存淺刻痕三。麻札托格拉克遺址出土。

參：藤田高夫2001，365。

r1　　（文字無法釋讀）

二一五　唐開元十五年（727）屋悉貴吒半納馳驢料抄
M.T.50（Or.8211/1749）

木簡，上殘，下端有孔。麻札托格拉克遺址出土。

參：藤田高夫2001，365。

r1　　□□十五年納馳驢料□碩，閏九月□□

二一六　唐開元十五年（727）屋悉貴吒半納馳驢料抄（？）
M.T.51（Or.8211/1750）

木簡，有淺刻痕九，下端殘。麻札托格拉克遺址出土。

參：藤田高夫2001，365。

r1　　（文字無法釋讀）

二一七　唐開元十五年（727）屋悉貴吒半納馳驢料抄
M.T.52（Or.8211/1751）

木簡，有深淺刻痕各一，下半斷爲三節。麻札托格拉克遺址出土。

參：藤田高夫2001，365。

r1　　屋悉□□□□□□納十五□□□□□

二一八　唐開元十五年（727）屋悉貴叱半納馳驢料抄
　　M.T.53（Or.8211/1752）

　　木簡，有深刻痕一，淺刻痕七，下端有孔。麻札托格拉克遺址出土。

　　參：藤田高夫2001，365。

r1　　□□□□□□□□□□□納十五年馳驢料床壹碩柒□□。

二一九　唐開元十五年（727）屋悉貴叱半納馳驢料抄（？）
　　M.T.55（Or.8211/1753a）

　　木簡，上下殘缺過甚。麻札托格拉克遺址出土。

　　參：藤田高夫2001，365。

r1　　（文字無法釋讀）

二二〇　唐開元十五年（727）屋悉貴叱半納馳驢料抄（？）
　　M.T.55（Or.8211/1753b）

　　木簡，上下殘缺過甚。麻札托格拉克遺址出土。

　　參：藤田高夫2001，365。

r1　　□□□□□□□馳驢□□□

二二一　唐開元十五年（727）屋悉貴叱半納馳驢料抄（？）
　　M.T.55（Or.8211/1753c）

　　木簡，下半殘斷，有深刻痕二。麻札托格拉克遺址出土。

参：藤田高夫2001，365。

r1　　（文字無法釋讀）

二二二　唐開元十五年（727）屋悉貴叱半納馳驢料抄（？）
M.T.56（Or.8211/1754a）

木簡，只剩殘塊。麻札托格拉克遺址出土。

参：藤田高夫2001，365。

r1　　（文字無法釋讀）

二二三　唐開元十五年（727）屋悉貴叱半納馳驢料抄（？）
M.T.56（Or.8211/1754b）

木簡，殘存上端，有淺刻痕四。麻札托格拉克遺址出土。

参：藤田高夫2001，365。

r1　　（文字無法釋讀）

二二四　唐開元十五年（727）屋悉貴叱半納馳驢料抄
M.T.56（Or.8211/1754c）

木簡，上下殘，下部有孔。麻札托格拉克遺址出土。

参：藤田高夫2001，365。

r1　　▭▭▭□□□□馳驢料□陸斗，八月□□□▭▭▭

二二五　唐開元十五年(727)屋悉貴叱半納馳驢料抄(?)
M.T.57(Or.8211/1755a)

木簡,上下均殘,似有淺刻痕六。麻札托格拉克遺址出土。

參:藤田高夫2001,365。

r1　（文字無法釋讀）

二二六　唐開元十五年(727)屋悉貴叱半納馳驢料抄(?)
M.T.57(Or.8211/1755b)

木簡,上殘,下端有孔。麻札托格拉克遺址出土。

參:藤田高夫2001,365。

r1　（文字無法釋讀）

二二七　唐開元十五年(727)屋悉貴叱半納馳驢料抄(?)
M.T.59(Or.8211/1756a)

木簡,有深刻痕一,淺刻痕九,下部大半殘斷。麻札托格拉克遺址出土。

參:藤田高夫2001,365。

r1　☐☐☐☐
v1　☐☐☐☐☐☐☐

二二八　唐開元十五年(727)屋悉貴叱半納馳驢料抄
M.T.59(Or.8211/1756b)

木簡,上下均殘。麻札托格拉克遺址出土。

參:藤田高夫2001,365。

r1 ___納十五年馳驢料□___
v1 ___□□□。

二二九　唐開元十五年（727）屋悉貴叱半納馳驢料抄
M.T.63（Or.8211/980）

木簡，28.1×2.2cm。上端磨損，刻痕不清。麻札托格拉克遺址出土。

參：Chavannes 1913, 218, pl.XXXVII；東野治之1983, 47；藤田高夫2001, 366-367；荒川正晴2011, 39；荒川正晴2014, 7。

1　□□□□□□納十五年馳驢料□□□□□。

二三○　唐開元十五年（727）屋悉貴叱半納馳驢料抄（？）
M.T.65（Or.8211/1757a）

木簡，上半殘，下端有孔。麻札托格拉克遺址出土。

參：藤田高夫2001, 365。

r1　（文字無法釋讀）

二三一　唐開元十五年（727）屋悉貴叱半納馳驢料抄（？）
M.T.65（Or.8211/1757b）

木簡，上下均殘。麻札托格拉克遺址出土。

參：藤田高夫2001, 365。

r1　（文字無法釋讀）

二三二　唐開元十五年（727）屋悉貴叱半納騀驢料抄
M.T.70（Or.8211/975）

木簡，31.1×2.1cm。本簡有深淺刻痕各一，下端有孔。麻札托格拉克遺址出土。

參：Chavannes 1913, 218, pl.XXXVII；東野治之1983, 46；藤田高夫2001, 366–367；荒川正晴2011, 39；荒川正晴2014, 6–7。

1　屋悉貴叱半□□納十五年騀驢料青壹碩壹斗，八月廿二日□□□。

二三三　唐開元十五年（727）屋悉貴叱半納騀驢料抄
M.T.73（Or.8211/1758）

木簡，下半殘，有深刻痕四。麻札托格拉克遺址出土。
參：藤田高夫2001, 365。

r1　屋悉貴□□□□納十五□□□

二三四　唐開元十五年（727）屋悉貴叱半納騀驢料抄（？）
M.T.77（Or.8211/1759）

木簡，下半殘，有深刻痕一。麻札托格拉克遺址出土。
參：藤田高夫2001, 365。

r1　（文字無法釋讀）

斯坦因收集品中無原始編號的和田出土文書

二三五　唐大曆十年（775）正月廿八日典趙遵牒爲巡探事
　　無原編號（Or.8210/S.9464r）

　　14.2×28.7cm。5行。第4行有朱筆"印"字，表示補鈐印處。據内容當爲和田出土文書，誤編入S編號斯坦因敦煌所獲漢語文書部分。

　　參：《英藏》14，298；沙知、吳芳思2005②，321；赤木崇敏2011，94。

　　（前缺）

1　　　　　　所由審探，知回蹤□
2　　　　　　　　知巡探勿失事宜者，故牒。
3　　　　　　大曆十年正月廿八日典趙遵牒
4　印赴軍　　印　　　　　判官折衝楊暉
5　　　　　　副　守　捉　郎　將　李　希　青

二三六　唐大曆十五年（780）四月廿八日梅捺舉錢契
　　無原編號（Or.8210/S.9464v）

　　6行。梅捺又見中國國家圖書館BH1-3《唐貞元六年（790）十月廿二日傑謝鎮倉算吅半史郎等交税糧簿》第25行、BH1-17于闐語漢語雙語文書第14行。

　　參：《英藏》14，299；沙知、吳芳思2005②，321；丁俊2012，67。

1　大曆十五年四月廿八日，梅捺爲要錢
2　用，遂於張進邊取小麥價錢貳伯
3　文，便小麥兩石。其麥自限麥熟日還，
4　　　　至限不還，一任倍徵。恐人無信，故

5 ⬚⬚對平章，畫指爲記。

6　　　　　　　錢主

（後缺）

二三七　唐館客帳

無原編號（Or.8212/1360）

5.6.×8.1cm，4行，第3、4行有勾綫。

參：郭鋒1993，191；沙知、吳芳思2005②，148。

（前缺）

1　客⬚⬚

2　□　　客安⬚⬚

3　李晚□　⬚⬚

4　客康了□⬚⬚

（後缺）

二三八　唐領物帳

無原編號（Or.8212/1448r）

3行。

參：郭鋒1993，192；沙知、吳芳思2005②，191。

（前缺）

1　⬚⬚□□□□領。

2　⬚⬚□帙十　壹帙付胤領。

3　⬚⬚□帙十　蘇領□領

（後缺）

二三九　唐唱詞

無原編號（Or.8212/1448v）

5行。

參：沙知、吳芳思2005②，191。

（前缺）

1 ＿＿＿＿□疲
2 ＿＿□豈欲悦對。
3 ＿＿＿危。身中無十善，
4 ＿＿＿□想
5 ＿＿＿□□□＿＿

（後缺）

二四〇　唐願文

無原編號（Or.8212/1500）

5行。有朱筆句斷。按"國"字右邊有删除符號"卜"，表示删去此"國"字。不過視文意，應該删去"天"字，即奉爲"國王萬壽"，其删除符號的位置可能標錯。

參：郭鋒1993，121；沙知、吳芳思2005②，192。

（前缺）

1 ＿＿＿□□□□＿＿＿
2 ＿＿＿如來，影現十方，名□＿＿
3 ＿＿＿安易，同歸解脱之門＿＿
4 ＿＿＿□。　然今坐前施＿＿
5 ＿＿＿奉爲國天王萬壽＿＿＿

（後缺）

二四一　唐帳目

無原編號（Or.8212/1505）

14×10cm, 3行。

參：郭鋒1993, 192；沙知、吳芳思2005②, 192。

（前缺）

1 　　　□□文。　　王目□□□

2 　　　□□囲六千五文。　　又□□□

3 　　計二百卅八文。

（後缺）

二四二　唐某城野營左五將牒

無原編號（Or.8212/1865br）

2行漢語, 其上1行于闐語。郭鋒編號作1865f。

參：郭鋒1993, 58–59；沙知、吳芳思2005②, 259。

（前缺）

1 　　　城野營左五將　　　　　　牒上都知四將□□

2 　　　健兒梁琰子□□□

（後缺）

二四三　唐典桑某領抄

無原編號（Or.8212/1865bv）

1行。

參：沙知、吳芳思2005②, 259。

1 　　□貳典桑□領抄

二四四　殘片

無原編號（Or.8212/1865c）

正面2行，背面2行。

參：郭鋒1993，57；沙知、吳芳思2005②，260。

（前缺）

1　　　□□□　　
2　　□故以　　

（後缺）

（背）

（前缺）

1　　近□　　
2　　□當　　

（後缺）

二四五　唐書信

無原編號（Or.8212/1865dr）

6行。郭鋒編號作1865e。

參：郭鋒1993，57–58；沙知、吳芳思2005②，261。

（前缺）

1　　　□近來　　
2　　　□説比得　　
3　　　□□　
4　　□

5 ☐☐辛苦事☐☐
6 ☐☐無地☐☐
  （後缺）

二四六　唐書信

　　無原編號（Or.8212/1865dv）

　　6行。

　　參：沙知、吳芳思2005②，261。

　　（前缺）
1 ☐☐又倆相☐☐
2 ☐☐□君玉☐☐
3 　☐☐□拜☐☐
4 　　☐☐匹☐☐
5 　　☐☐演之□☐☐
6 　　☐☐□潑☐☐
　　（後缺）

二四七　唐書信

　　無原編號（Or.8212/1865e，f）

　　（e）3行，（f）4行。此二片內容字跡紙質近似，當爲一件。e郭鋒編號作1865a，f郭鋒編號作1865b。

　　參：郭鋒1993，56–57；沙知、吳芳思2005②，262。

　　（e）
　　（前缺）
1 ☐☐□兄使來☐☐

2 　□□父未盈□□
3 　　□奉蒙□□□
　（後缺）

（f）
（前缺）
1 　□史王甫□□□
2 　□　能　宣□□□
3 　□　□隨才□□□
4 　□□□□□□□
　（後缺）

二四八　唐書信

無原編號（Or.8212/1865g）

2行。郭鋒編號作1865d。

參：郭鋒1993，57；沙知、吳芳思2005②，263。

（前缺）
1 　□□動□□□
2 　□故附不□□
　（後缺）

二四九　唐文書

無原編號（Or.9615/11v）

4.5×8.2cm，1行，僅識"碩"字。正面爲于闐語牒文，2行（Skjærvø 2002，82）。據稱係得自於喀達里克遺址以北。

（前缺）

1 　＿＿＿□碩　□＿＿＿

（後缺）

赫定收集品

二五〇　唐文書爲依例派役事
　Hedin 10v

2行，正面爲于闐語某城派役名藉。

參：*KT*, IV, 27, 95-99。

（前缺）
1　城依例。廿八
2　日□（押署）

二五一　于闐巳年（801）十二月廿一日于闐六城百姓勿薩踵、拂里勿納進奉緤紬抄
　Hedin 15

漢語于闐語雙語文書，于闐語2行，漢語2行。與Hedin 16、Domoko C、Domoko D屬同一組于闐六城百姓納進奉緤紬抄，其中巳年對應於于闐王尉遲曜三十五年（801）。此件納布者爲勿薩踵（Visarrjāṃ）、拂里勿（Hvīvi），判官富惟謹，薩波深莫抄，末有朱筆勾記（哈隆誤録作“行”）。于闐語部分轉寫録自*KT*, IV，漢譯則據貝利英譯翻譯。達瑪溝一帶出土。

參：*KT*, IV, pp.29, 106, 173-181；《于闐史叢考》，84；林梅村1993，91, 93；關尾史郎1997，190-194；吉田豐2006，58-60；吉

田豐2008, 85-86；《于闐史叢考》（增訂版），62；Zhang zhan 2016, 271-273；朱麗雙2021, 92-93。

1 六城勿薩踵、拂里勿共納進奉絁紬肆拾

2 cira visarrjāṃ thau hauḍe tci'hau'sa chā hvīvina haṃtsa

3 尺。巳年十二月廿一日判官富惟謹，薩波深莫抄。（朱筆勾記）

4 rrāhäji 21 mye haḍai 35 mye kṣuṇä

（于闐語翻譯：質邏的勿薩踵、拂里勿共納進奉絁紬肆拾尺。三十五年十二月廿一日）

二五二　于闐巳年（801）十一月至十二月于闐六城百姓納進奉絁紬抄

Hedin 16

漢語于闐語雙語文書，于闐語30行，漢語25行。與Hedin 15、Domoko C、Domoko D屬同一組于闐六城百姓納進奉絁紬抄，其中巳年對應於于闐王尉遲曜三十五年（801）。文書由若干條紙葉粘連而成，每條一個單元，由時間、人名、納絁紬數量、領抄人和判官押字、勾記符號構成，每條均有判官富惟謹，薩波深莫抄，末有朱筆勾記（哈隆誤録作"行"）。每條皆爲漢語于闐語交替書寫，內容基本對應，每條各有詳略，漢語部分中于闐人名多以南牟没代替。于闐語部分轉寫録自*KT*, IV，漢譯則據貝利英譯翻譯。達瑪溝一帶出土。

參：*KT*, IV, pp.30, 106-109, 173-181；《于闐史叢考》，84；林梅村1993, 91-92, 93-95；關尾史郎1997, 190-194；吉田豐2006, 58-60；吉田豐2008, 85-86；《于闐史叢考》（增訂版），62；榮新江2012, 25-27；Zhang Zhan 2016, 251-271。

（A）

1 　六城潘野娑捈、可里没棃共納進奉絺

2 　kṣvā auvā phaṃña suhadatti u kharamurrai tcinaji thau
　　hauḍāṃde 40 6

3 　紬肆拾陸尺。巳年十一月廿五日, 判官富惟謹,

4 　chā skarhveri 20 5mye haḍai 30 5mye kṣuṇi spāta śeṃ'maki
　　nāte u hvūṃ phạ-

5 　薩波深莫抄。

6 　nä kvạni（朱筆勾記）

　　（于闐語翻譯: 六城潘野的娑捈與Tcina的可里没棃共
　　納進絺紬肆拾陸尺。三十五年十一月廿五日, 薩波深莫
　　收, 判官富。）

（B）

1 　// spāta vidyadatti thau himye（ha）ṣṭūsi chā paṃjsi tsuna //
　　namaubudi thau himye 20 2（chā）5 tsuna //

2 　六城南牟没納進奉絺紬壹丈捌尺伍寸,

3 　virgāṃ thau himye 20 3 chā dva tsuna // pātcä namaubudi
　　thau himye 20 4 chā // īrasaṃ-

4 　又貳丈貳尺伍寸, 又貳丈叁尺貳寸, 又納

5 　gä thau himye 20 2 chā śau tsuni // seṃnili [ha]thau hi
　　（mye）30 6（chā）dva tsuna // 30 5 kṣu-

6 　貳丈肆尺, 又貳丈貳尺壹寸, 又叁丈陸

7 　ṇi skarhve（ri）mā（śti）kṣeribistamye haḍai sū phạni
　　kvạni spāta śe'maki nāti （朱筆勾記）

8　尺貳寸, 巳年十一月廿六日, 判官富惟謹,

9　薩波深莫抄。

　　（于闐語翻譯: 薩波Vidyadatti之絺紬爲壹丈捌尺伍寸,
　　南牟沒爲貳丈貳尺伍寸, Virgāṃ爲貳丈叁尺貳寸。隨
　　後, 南牟沒又爲貳丈肆尺, 伊里桑宜爲貳丈貳尺壹寸,
　　Seṃnili爲叁丈陸尺貳寸。三十五年十一月廿六日, 判官
　　Sū, 薩波深莫收。）

（C）

1　六城南牟沒納進奉絺紬叁丈捌尺,

2　// namaubudi kṣā auvā thau hauḍi 30 8 chā // naṃdaki
　　thau hauḍä kṣeritca'hau'si chā 30 <5 kṣu->

3　又肆拾陸尺, 巳年十一月廿七日, 判官富

4　ṇi skarhveri māśti 20 7 haḍai sū phaṇi kvaṇi // spāta
　　śe'maki nāti（朱筆勾記）

5　惟謹, 薩波深莫抄。

　　（于闐語翻譯: 六城南牟沒納絺紬叁拾捌尺, Naṃdaki納
　　絺紬肆拾陸尺。三十五年十一月廿七日, 判官Sū, 薩波
　　深莫收。）

（D）

1　kṣā ovā brūnade thau hauḍi 20 chā 30 5 kṣuṇi skarhveri
　　māśti 20 7 [ha] haḍai hvū

2　六城南牟沒納進奉絺紬貳丈, 巳年十一月廿

3　phaṇi kvaṇi nāta u spāta śe'maki（朱筆勾記）

4　七日, 判官富惟謹, 薩波深莫抄。

（于闐語翻譯：六城Brūnade納縜紬貳拾尺。三十五年
十一月廿七日，判官富收，薩波深莫。）

(E)

1　六城南牟没納進奉縜紬叁丈柒尺，

2　30 5（kṣu）ṇi novarabistamye haḍai saṃgi thau hoḍi 30 7

3　又叁丈柒尺，又貳丈貳尺，貳丈貳尺肆寸，

4　spāta vidyadatti tho hoḍi 30 7 // makali tho hoḍi

5　巳年十一月廿九日，判官富惟謹，薩波深

6　20 2 chā svarrjā tho hoḍi 20 2 tcahau tsuna // spā
　　śe'maka

7　莫抄。　nāti hvū phạni kvạni //（朱筆勾記）

（于闐語翻譯：三十五年十一月廿九日，Saṃgi納縜紬叁
拾柒尺，薩波Vidyadatti納縜紬叁拾柒尺，Makali納縜
紬貳拾貳尺，Svarrjā納縜紬貳拾貳尺肆寸。薩波深莫
收，判官富。）

(F)

1　六城薩波尾娑納進奉縜紬貳丈，家

2　‥kṣā ovā spāta vīsa thau hauḍe biste chā puñadati
　　drrairabi-

3　人盆捵納貳丈叁尺，巳年十一月廿九日，

4　sta chā spāta śe'maki nāte hvū <phạni kvạni>（朱筆
　　勾記）

5　判官富惟謹，薩波深莫抄。

（于闐語翻譯：六城薩波尾娑納縜紬貳拾尺，盆捵納貳

拾叁尺。薩波深莫收，判官富。）

（G）

1　六城薩波末士納進奉絁紬貳丈，又

2　// kṣvā auvā spāta marṣi' thau hauḍä bistä chā // ṣanīraki drairabistä chā spāta

3　瑟昵洛納貳丈叁尺，巳年十一月廿九日，判

4　śeṃ'makä nāte u hvū phạnä kvạnä skarhveri 20mye haḍai（朱筆勾記）

5　官富惟謹，薩波深莫抄。

（于闐語翻譯：六城薩波末士納絁紬貳拾尺，瑟昵洛納貳拾叁尺。薩波深莫收，判官富。十一月廿九日。）

（H）

1　六城南牟没納進奉絁紬玖尺捌寸，巳年

2　senili tho hauḍi no chā haṣta tsuna（朱筆勾記）

3　十一月廿九日，判官富惟謹，薩波深莫抄。

（于闐語翻譯：Senili納絁紬玖尺捌寸。）

（I）

1　六城破沙宋闍下勿闍踵納進奉絁紬

2　/ kṣā auvā pharṣa sudarana dīna vidarjū thau hauḍe 20

3　chā（朱筆勾記）

3　貳丈叁尺，巳年十二月二日，判官富惟謹，

4　薩波深莫抄。

（于闐語翻譯：六城破沙宋闍屬下勿闍踵納絁紬貳拾

叁尺。)

(J)

1　六城南牟没納進奉絁紬肆拾陸尺, 巳年

2　// arsäli thau hauḍi 20 3 chā // maṃñeṃ thau hauḍi 20 3
　　chā spāta śeṃ'maki nāte 30 5mye <kṣu>ṃ<ṇ>i <rrā->

3　十二月二日, 判官富惟謹, 薩波深莫抄。(朱筆勾記)

4　haji māśti śe'ye haḍai
　　(于闐語翻譯: Arsäli納絁紬貳拾叁尺, Maṃñeṃ納絁紬
　　貳拾叁尺。薩波深莫收, 三十五年十二月二日。)

(K)

1　六城南牟没納進奉絁紬貳丈, 巳年十二月

2　// kṣā auvā sudarma thau hauḍa 20 chā rrāhaja 9mye haḍ
　　(ai) (朱筆勾記)

3　九日, 判官富惟謹, 薩波深莫抄。
　　(于闐語翻譯: 六城宋闓納絁紬貳拾尺。十二月九日。)

(L)

1　六城南牟没納進奉絁紬叁丈陸尺,

2　kṣā auvā namaubudä thau hauḍä kṣeridirsä chā nva
　　thaunakā ı pātcä śe' thau hau-

3　又叁丈陸尺貳寸, 巳年十二月七日, 判官

4　ḍe kṣerädirsä chā dva tsuna (朱筆勾記)

5　富惟謹, 薩波深莫抄。
　　(于闐語翻譯: 六城南牟没納絁紬叁拾陸尺, 據應納絁

紬數，當納叄拾陸尺二寸。）

二五三　唐開元十八年（730）文書

Hedin 22v

　　本號包括8殘片，各有于闐文8、1、2、6、2、4、3、1行。過於殘破，無法連貫釋讀。其中1殘片背面寫有3行漢文。

　　參：*KT*, IV, 35, 127–129。

　　（前缺）

1　　　　　令史□□□□
2　　　　　書令史□
3　開元十八年三月□□
　　（後缺）

二五四　唐貞元十四年（798）閏四月典史懷仆牒爲盡收人畜入坎城事

Hedin 24

　　漢語于闐語雙語文書，8行漢語，4行于闐語。有關此件年代判定，參看前言。于闐語部分轉寫錄自*KT*, IV，漢譯則據貝利英譯翻譯。按，神山堡在今麻札塔格，坎城在今老達瑪溝北，此件出自老達瑪溝。

　　參：*SD*, I, pl.VII；*KT*, IV, 37, 135–139（E.G.Pulleyblank錄文）；*SDTV*, 12–13；《于闐史叢考》，82–83, 146；林梅村1993, 93, 95；張廣達、榮新江1997, 340頁，圖版一（斯文赫定基金會贈）；吉田豐2006, 29；《于闐史叢考》（增訂本），vii, 241–246；Skjærvø 2009, 120, 139；榮新江2012, 20–22；段晴2012, 74–78；Zhang Zhan 2016, 107–117。

（前缺）

1 　　　　　　　　　　/ khu s- h- -ā sa l-.× ×

2 ＿＿□史乘駝人桑宜本口報稱：聞神山堡鼓

3 　　　/ ḍai karmā × -ā -ī kūsä īyāde ula-bārai dasau
　　　　× vaṃñä pastä yuḍe khu sal-

4 ＿＿此三鋪人並駝三頭，今日卯時到濡馬屈薩

5 　　　/ vā buḍä yuḍe khu parau pva' cve tta piṣkala
　　　　hvaṃdä u stūrä biśūṃ phẹmāña kīṃtha tva<śdya>

6 ＿＿得消息，便即走報來者。准狀各牒所

7 　　　/ × pyaṃtsa ā × rä th<u> pa'jsä ārrä byehä
　　　　śe' seṃjsījsä haḍai parau -----

8 由者，人畜一切盡收入坎城防備，如有漏失，

9 ＿＿罪科所由者，故牒。

10 　　　貞元十四年閏四月四日辰時，典史懷仆牒。

11 　　　　判官簡王府長史富惟謹＿＿

12 節度副使都督王尉〔遲曜〕

（于闐語部分翻譯：持續。……乘駝人……十……今其
俯就如此行事，故此……其能攜帶給我。當你聽到此
令，務將當地人畜收入媿摩城……於城堡中……你將
受到嚴格防備。閏四月四日，此令〔發出〕。）

（段晴教授認爲第5行的主要意思應當是："當聽到命令，
凡（各）部人和牲畜，一切盡（收入）濡馬屈薩。"）

二五五　唐永泰三年(767)九月十九日拔伽百姓没割婁納粟抄
Hedin 73v

木簡，1行。"拔"或爲"拔伽"之簡稱；"永三"當指"永泰三

年"。正面爲于闐文Śude Vaśa' rasaṃgä（勿日桑宜）纳粟抄。

　　參：*KT*, IV, 50, 171；日本書道教育會議編《スウェン・ヘディン樓蘭發見殘紙・木牘》, 128, no.117。

　r1　śude salā vaśa'rasaṃgä gau'sä hauḍä śā kṣa'sairī
　　　　thyau (haura)

　v1　拔没割婁納永三田子粟壹碩，永三九月十九□□□。
　　　（署名）

　　　（于闐語部分翻譯：Śude Salā Vaśa'rasaṃgä（勿日桑宜）納粟，付彼銅六兩。）

二五六　唐永泰三年（767）正月五日拔伽百姓勿日桑宜納館家草抄

　　Hedin（無編號）

　　瑞典人種學博物館館藏編號41.33.52。木簡，1行。因爲没有漢字，所以没有收入*KT*, IV。拔伽當在今巴拉瓦斯特，故此爲巴拉瓦斯特遺址出土。

　　參：張廣達、榮新江1988b, 76；《于闐史叢考》, 85；日本書道教育會議編《スウェン・ヘディン樓蘭發見殘紙・木牘》, 128, no.117；吉田豐2006, 26–27, 51；吉田豐2008, 80；《于闐史叢考》（增訂版）, 63, 247；吉田豐2009, 166–167；荒川正晴2011, 45–46；荒川正晴2014, 17。

　1　拔伽百姓勿日桑宜納館家草壹落子，永泰三年正月五日曹頭忽延牌。（署名）

俄國收集品

二五七　唐坎城百姓勿悉門捺牒

Дx.1262

　　10.5×15.5cm，4行。上下有殘缺。坎城在今老達瑪溝北，應爲誤編入"敦煌"（Дx）編號的和田出土文書，可能來自老達瑪溝地區。

　　參：榮新江1996，122；《俄藏》8，42。

1　牒，勿悉門捺身是坎城百姓，□□□
2　年生得二男，一男身死，一男見在，□□□
3　卻其妻翁，捉牛四頭，留□妻□□□
4　□□□□□

　　（後缺）

二五八　唐屋悉貴納麵、羊等抄

Дx.1461r

　　1行。背面2行于闐語，爲Sīgū牒爲拔伽、Pa'、潘野（Phanya）、傑謝等地薩波、破沙爲速來Āskūra事。屋悉貴在今麻札托格拉克，應爲編入"敦煌"編號的和田出土文書，可能出自麻札托格拉克遺址。

　　參：《俄藏》8，191；吉田豊2006，110；Kumamoto 2007，7-8；

吉田豐2012a, 153。

1　屋悉貴麵兩碩伍斗, 羊兩口, 酒十瓮, 青稞石一, 苜宿
　　(蓿)二百伍十束。

二五九　唐某年九月十七日傑謝鎮帖羊戶爲市羊毛事
　　Дх.18915

　　8行。首尾完整, 左上角略殘, 但不傷文字。又文書上有朱印
痕, 但不可識讀。傑謝即今丹丹烏里克, 應爲編入"敦煌"編號的和
田出土文書, 可能來自丹丹烏里克遺址。

　　參:《俄藏》17, 280下;張廣達、榮新江2002, 222–224;《于
闐史叢考》(增訂版), 269–271;赤木崇敏2011, 97–98;荒川正晴
2013, 275–276;孟憲實2014, 7–8;丁俊2016, 14–15。

1　傑謝鎮　　　　　　　帖羊戶等
2　　當鎮諸色羊戶共料官市毛壹伯斤
3　　　右被守捉帖, 稱:"上件羊毛, 帖至速市供,
4　　　分付專官介華, 領送守捉, 不得欠少。其價
5　　　直, 賣即支遣者。"准狀各牒所由, 限三日內
6　　　送納。待憑送上, 遲違科所由。九月十七日帖。
7　　　　　　　　　判官別將衛惟悌
8　　　　　　　　鎮官將軍楊晉卿

二六〇　唐大曆十五年(780)傑謝鎮牒爲徵牛皮二張事
　　Дх.18916r

　　7行, 前端下部殘2行。張順又見SI P 103第14行(*SD*, VII,
pl.110b; *SDTV*, III, 140)。紙縫後書于闐語4行, 上下有殘缺, 與漢

語文書無關。背書于闐語11行，爲納氈、布、錢抄。傑謝即今丹丹烏里克，應爲編入"敦煌"編號的和田出土文書，可能來自丹丹烏里克遺址。

參：《俄藏》17, 281；張廣達、榮新江2002, 224；《于闐史叢考》（增訂版），271-272；Kumamoto 2007, 1-4；荒川正晴2013, 276-277；孟憲實2014, 7。

1　　　　鞿皼牛皮二張□□
2　牒得舉稱："奉處分□□
3　因恐賊默來侵抄，辰宿至要鼓聲相應者，□□
4　自各牒所由處。"牒舉者，准狀各牒，火急限當
5　日內送納，遲科附者，故牒。
6　　　　　大曆十五年四月一日，判官果毅□□進□□
7　　　　　　　知鎮官大將軍張順。

二六一　唐貞元四年（788）五月傑謝百姓瑟□諾牒爲伊魯欠負錢事

　　Дх.18917

13行。文書已斷作兩紙，上下相連，但前6行中部殘失。前11行爲牒文，後2行爲大字判文，末存押字。傑謝即今丹丹烏里克，應爲編入"敦煌"編號的和田出土文書，可能來自丹丹烏里克遺址。

參：《俄藏》17, 282上；施萍婷1997, 329；張廣達、榮新江2002, 225-226；《于闐史叢考》（增訂版），272-274；陳國燦2008, 197-198。

1　傑謝百姓伊魯
2　　右件人，先欠負□□□年正月內，被所由薩

3　　　波思略掣◻◻◻◻◻◻◻与前遊奕副使

4　　　趙剛取◻◻◻◻◻理，又其婦人更自取

5　　　錢一千五◻◻◻◻◻伊魯見在神山路

6　　　探候，昨被思略◻◻諾，將錢四千三百

7　　　文贖來在此，更覓得錢四百文，餘欠六百文，

8　　　作油麻價，秋熟便送來。其婦人將去，共平

9　　　章，趙副使不肯。伏望　驃騎◻鑒，請處分。

10　牒件狀如前，謹牒。

11　　　　貞元四年五月　　日，傑謝百姓瑟◻諾◻◻

12　　　"勒還婦人，即須發

13　　　遣。廿一日◻（押字）。"

二六二　唐某年五月簡王府長史王◻◻帖爲缺稅錢事

Дх.18918

　　7行。此件首、下殘，末尾餘白。應爲編入"敦煌"編號的和田出土文書，可能來自丹丹烏里克遺址。

　　參：《俄藏》17，282下；施萍婷1997，329；張廣達、榮新江2002，220-227；《于闐史叢考》（增訂版），274-275；荒川正晴2013，279；丁俊2016，17。

　　　（前缺）

1　　◻◻◻◻

2　　◻◻◻◻

3　　件人各欠稅◻◻◻

4　　帖至，仰已上至，并◻◻◻

5　　同到，遲科所由。五月◻◻◻

6　用守捉印。

7　　專官起復簡王府長史王□□□□□□

　　（餘白）

二六三　唐大曆十七年（782）閏三月廿九日韓披雲收領錢抄
　　Дx.18919r

　　4行。文書首尾完整，下略殘。中國人民大學博物館GXW0166:2《唐建中三年（782）傑謝鎮狀稿爲合鎮應管倉糧帳事》背面第12行有兩個同名的瑟昵，一在潘野高奢家，一在潘野没捺家；韓披雲又見GXW0167《唐某年于闐傑謝鎮倉糧入破帳草》中之官健名單。應爲編入“敦煌”編號的和田出土文書，可能來自丹丹烏里克遺址。

　　參：《俄藏》17，283上；張廣達、榮新江2002，227-228；《于闐史叢考》（增訂版），275；丁俊2016，22；慶昭蓉、榮新江2022，64。

1　瑟昵先對（對）思略，令分付韓雲

2　麥伍碩。錢伍伯文，折小麥伍碩，令

3　足。大曆十七年閏三月廿九日，左三

4　韓披雲抄。

二六四　唐契約
　　Дx.18919v

　　2行。前、下部均殘，存字二行，爲契約保人署名部分。梁懷玉見Дx.18920文書。

　　參：《俄藏》17，283下；張廣達、榮新江2002，228；《于闐史叢考》（增訂版），276。

（前殘）

1 保人男劉伏奴年廿□□□

2 保人姉夫梁懷玉□□□

二六五　唐大曆十四至十五年（779—780）傑謝百姓納腳錢抄
Дх.18920

6行。文書四周均殘，惟上部略爲完整。傑謝即今丹丹烏里克，應爲編入"敦煌"編號的和田出土文書，可能來自丹丹烏里克遺址。

參：《俄藏》17，284上；張廣達、榮新江2002，228–229；《于闐史叢考》（增訂版），276–277。

（前缺）

A.1 腳錢柒阡文，於張□□□

2 □梁懷玉邊領得大曆十□□

3 日，衛尉卿白（花押）抄。

B.1 大曆十四年十月内傑謝百姓□□□

2 腳錢壹拾壹阡文。此留本□□

3 廿五年春裝□□襆□□

（後缺）

二六六　唐守捉使牒傑謝鎮爲傑謝百姓攤徵事
Дх.18921+Дх.18942С

7行。文書首尾及下部均殘。有朱印痕跡。傑謝即今丹丹烏里克，應爲編入"敦煌"編號的和田出土文書，可能來自丹丹烏里克遺址。

參：《俄藏》17，284下；施萍婷1997，329；張廣達、榮新江2002，229；《于闐史叢考》（增訂版），277；赤木崇敏2011，88–91；慶昭蓉、榮新江2022，52–53。

（前缺）

1　　守捉使　　　　□□□

2　　　傑謝百姓等<u>狀</u>□□

3　牒,得胡書狀稱:<u>所攤藺</u>□□

4　其彼鎮官夏打駝分外,更出鞍□□

5　駝。伏望哀矜,商量放免。其<u>打</u>□

6　百姓共出,請歸一碩□□

7　月已後搬送。今得百□□

（後缺）

二六七　唐某年納羊皮曆

　　Дх.18922

　　4行。文書前部下部殘。應爲編入"敦煌"編號的和田出土文書,可能來自丹丹烏里克遺址。

　　參:《俄藏》17, 285上;張廣達、榮新江2002, 229;《于闐史叢考》(增訂版), 277。

（前缺）

1　　　　　　　　　□□<u>八日</u>□

2　三人納羊皮壹拾張。廿九日,納羊皮叄拾□□

3　三十日,役四人納羊皮肆拾張。

4　　　計皮壹百<u>張</u>。

二六八　唐傑謝首領薩波思略牒爲尋<u>驢</u>事

　　Дх.18923

　　8行。文書上部殘半。第7行以後爲判文。思略爲傑謝之薩波,傑謝即今丹丹烏里克,應爲編入"敦煌"編號的和田出土文書,可能來自丹丹烏里克遺址。

參:《俄藏》17, 285下; 張廣達、榮新江2002, 229-230;《于闐史叢考》(增訂版), 278; Popova 2012, 29-31。

（前缺）

1 ⬚驢壹頭
2 ⬚神路尋玉河
3 ⬚例,恐被路
4 ⬚請處分。
5 牒件狀如前,謹牒。
6 ⬚月 日,首領薩波思略牒。
7 ⬚不得失。
8 ⬚四日,斯。

二六九 唐勿日本男負思略物條記

Дx.18924

2行。本文書上部兩邊均殘,但文字可識。兩行字體不同,雖書寫工整,似出自于闐人手筆,不夠規範。應爲編入"敦煌"編號的和田出土文書,可能來自丹丹烏里克遺址。

參:《俄藏》17, 286頁上; 張廣達、榮新江2002, 230; 吉田豐2006, 54, 56; 吉田豐2008, 82, 84;《于闐史叢考》(增訂版), 278。

1 勿日本男負思略勿(物)契
2 分付殘借五斗過時不付。

二七〇　唐某年正月六城都知事牒爲偏奴負稅役錢事

Дх.18925

8行。文書上下殘，字體頗工整。應爲編入"敦煌"編號的和田出土文書，可能來自丹丹烏里克遺址。

參：《俄藏》17, 286下；施萍婷1997, 330；張廣達、榮新江2002, 230-232；《于闐史叢考》（增訂版），278-280；文欣2009, 130-131。

1　　　　　　　□□里（？）胡書偏奴共負錢八十千文
2　　　　　　　□傑謝所由欠上件稅役錢，餘□
3　　　　　　　□急，遂取族落安達漢□
4　　　　　　　□索錢，欲往共債主相隨□
5　　　　　　　□被彼鎮官遮截，伏□
6　　　　　□鎮同爲徵索發遣，請處分。
7　牒件狀如前。謹牒。
8　　　　　　　正月　　日，六城都知事□□□

（後缺）

二七一　唐大曆十六年（781）傑謝合川百姓勃門羅濟賣野駝契

Дх.18926+SI P 93.22+Дх.18928

漢語于闐語雙語文書，21行。本文書原斷爲三片，可以直接綴合。上部略殘，下部全殘。又文書係雙語所寫，正文于闐語與漢語間隔書寫，第8行錢主以下于闐語寫在漢語上方空白處。SI P 93.22殘片圖版和轉寫翻譯見*SD*, VII, pl.67e；*SDTV*, III, 94, No.112。傑謝即今丹丹烏里克，應爲編入"敦煌"編號的和田出土文書，可能來自丹丹烏里克遺址。

參:《俄藏》17, 287上, 288上; 張廣達、榮新江2002, 232–
234; Kumamoto 2001, 3–9; 吉田豊2006, 25; Kumamoto 2007,
8–9;《于闐史叢考》（增訂本）, 280–282; 榮新江2012, 28–30。

1   ulä śau dasalä

2   野駝壹頭父拾歲

3   10 6 mye salye rarūyä māśtä 20 1 mye haḍai hamīḍaka
gaysātaja brṃ[mūjsai āstaṃna?]

4   大曆十六年六月廿一日, 傑謝合川百姓勃〔門羅濟〕

5   ttye pracai(na) cu kṣīrve mūrä puḍa ya ttye pracaina mī
vaña ulä parāṃdi （nva?）

6   等, 爲役次負税錢, 遂將前件駝賣☐☐

7   ni hīvī x / mi nvahi sinä tcinä vīra kṣasi ysārrų būnä
ulä paphvāṃ(d)i☐

8   作駝價錢壹拾陸阡文。其錢及駝〔當日〕

9   x-i x-yi hä /☐h(ve?)himāt(e)x x ul(ä)(h)īyą
ñā<py>e si maṃ hī x-ī☐

10   交相分付了, 後有識認, 一仰〔賣主知當, 〕

11   x-ī yā yana x

12   不關買人之事。官有政法,〔人從私契, 〕

13   兩共平章, 畫指爲記。

14   錢主

15   braṃ[mū](js)ai(salī)x(60)5   駝主百姓勃門羅
濟〔年六十五〕

16   puñargaṃ salī 30 5   保人勃延仰年〔卅五〕

17   (vi)sarrjāṃ salī 60 1   保人勿薩踵年〔六十一〕

18	ma(rṣ)äkä salī 30 4	保人末査年〔卅一〕
19	rruhadattä[salī](20?)5	保人紇羅捺年〔廿(?)五〕
20	pheṃdūkä(sa)lī 30 1	保人偏奴年卅一
21	[vikausä salī]30 4	保人勿苟悉年卅四

二七二　唐建中六年(785)十二月廿一日傑謝百姓紇羅捺納駝麻抄

Дх.18927

漢語于闐語雙語文書,3行漢語,夾半行于闐語。建中六年相當於貞元元年。後粘接一件于闐語文書,2行,爲尉遲曜十八年(784)傑謝百姓Vikausa納大麻抄,收領人亦爲魏忠順,但與前粘之抄非同年之文書。傑謝即今丹丹烏里克,應爲編入"敦煌"編號的和田出土文書,可能來自丹丹烏里克遺址。

參:《俄藏》17,287下;張廣達、榮新江2002,234;吉田豐2006,25,69-70,137-138;Kumamoto 2007,4-6;吉田豐2008,92-93;《于闐史叢考》(增訂本),282-283;赤木崇敏2011,98-99;吉田豐2012c,151;榮新江2012,23-24;荒川正晴2013,280;丁俊2016,21。

1	守捉使牒:傑謝百姓紇羅捺供行軍入磧,
2	打駝麻卅斤。順(花押)。hvī hīvī kṣau ṣṭi 40 kiṇa (于闐語翻譯:此爲順的收據,40斤。)
3	建中六年十二月廿一日,行官魏忠順抄。順。

二七三　唐大曆三(?)年(768)正月百姓勿娑牒

Дх.18929

6行。文書四邊均殘,末行爲大字判文。應爲編入"敦煌"編號的和田出土文書。

　　參:《俄藏》17, 288下; 張廣達、榮新江2002, 234-235;《于闐史叢考》(增訂本), 283。

　　(前缺)

1　　　　□前年身充雇糧□所由□

2　　　　　□錢及布, 其人每□□□□

3　　　　　□諸處作債, 納訖錢不爲□

4　牒件狀如前, 謹牒。

5　　　　　大曆三(?)年正月　日, 百姓勿娑牒。

6　　　　　□□□爲□(憑)。

　　(後缺)

二七四　唐傑謝百姓納牛皮抄

　　Дх.18930

　　漢語于闐語雙語文書, 前後下均殘, 3行漢語, 1行于闐語。第3行餘白處有勾記。應爲編入"敦煌"編號的和田出土文書, 可能來自丹丹烏里克遺址。

　　參:《俄藏》17, 289上; 張廣達、榮新江2002, 235;《于闐史叢考》(增訂本), 283-284; Kumamoto 1996, 57; Kumamoto 2007, 6; 榮新江2012, 24。

　　(前缺)

1　傑謝□

2　牛皮壹張, □□

3　抄。(下有勾記)

4　gayseta gūha kamgä□　　(于闐語翻譯: 在傑謝, 牛

皮……）

（後缺）

二七五　唐蘇末士等名籍

Дх.18931

漢語于闐語雙語文書，2行漢語，夾寫1行于闐語。文書上下及後部均殘，字體較大。于闐文puñadattä應即Hedin 16中的盆捺/puñadati（*KT*, IV, 107, 175）。熊本裕推測第1行係兩個人名，或爲Дх.18926+SI P 93.22+Дх.18928《唐大曆十六年（781）傑謝合川百姓勃門羅濟賣野駝契》的末查、偏奴。應爲編入"敦煌"編號的和田出土文書，可能來自丹丹烏里克遺址。

參：《俄藏》17, 289下；張廣達、榮新江2002, 235；Kumamoto 2007, 6–7；《于闐史叢考》（增訂本），284。

　　（前缺）
```
1 ⎯⎯蘇末士, 偏⎯⎯
2 ⎯⎯（pu）ñadattä jsā⎯⎯
3 ⎯⎯□□□⎯⎯
```
　　（後缺）

二七六　唐貞元十（？）年（794）條記

Дх.18939

2行。文書上下殘。應爲編入"敦煌"編號的和田出土文書。

參：《俄藏》17, 294上；張廣達、榮新江2002, 236；《于闐史叢考》（增訂本），284–285。

（前缺）

1 　　　□拔先負成副使床貳碩，對薩波 □　　　

2 　　　□貞元十年七月十日成嵩于□　　　

（後缺）

二七七　唐鎮守使牒爲質邏六城百姓衣糧事

　　Дх.18940（1）

　　5行。文書四邊均殘。質邏在今策勒縣附近，應爲編入"敦煌"編號的和田出土文書。

　　參：《俄藏》17，294下；張廣達、榮新江2002，236；《于闐史叢考》（增訂本），285；赤木崇敏2011，89-92。

（前缺）

1 　鎮守使□　　　

2 　　　質邏六城百姓等□　　　

3 　牒得狀稱：上件百姓□　　　

4 　　　　□衣糧皆□　　　

5 　　　　□因此□　　　

（後缺）

二七八　唐牒

　　Дх.18940（2）+Дх.18942А+Дх.18942В

　　7行。3殘片，赤木崇敏將其部分綴合，可從。應爲編入"敦煌"編號的和田出土文書。

　　參：《俄藏》17，295上，296上；施萍婷1997，330；張廣達、榮新江2002，236-237；《于闐史叢考》（增訂本），285-286；赤木崇敏2011，89-92。

（前缺）

1 ⬚傑□⬚
2 ⬚不審待
3
4 ⬚國琭牒
5 ⬚王□
6 ⬚陸　迎蕃使
7 使兼⬚特進大將軍郭□（花押）
（後缺）

二七九　唐《蘭亭序》摹本

　　Дx.18943

　　存5行,係習字寫本。應爲編入“敦煌”編號的和田出土文書。
　　參：《俄藏》17, 296下；榮新江2013, 1100–1101；榮新江2014, 95, 圖3；榮新江2015b, 186–187。

1 永和⬚
2 于會稽山陰⬚
3 羣賢畢至⬚
4 □山峻領⬚
5 湍暎帶⬚
　　（後缺）

二八〇　唐軍將名籍

　　SI P 92.3

　　3行。此爲編入SI P號的漢文文書。

（前缺）

1 　　　　□薛□（押署）

2 　　　　軍朱□（押署）

3 　　　將軍郭□（押署）

（後缺）

二八一　殘文書

SI P 98.5

11×14cm，8行于闐文，中夾寫漢文。

參：*SD* VII, pl.91; *SDTV* III, 117。

（前缺）

1 　　　日進

（後缺）

二八二　唐大曆十一年（776）糧食收領抄

SI P 94.21

17×8cm，漢語于闐語雙語文書，漢語4行，于闐語1行，後者意爲"訖，Śeṃ Gūhau收領"。

參：*SD*，VII, pl.79; *SDTV*，III, 103（張廣達釋讀）。

（前缺）

1 　　　　領得□　　　

2 　　　　曆十一年六　　　

3 　　　九百　　　

4 成仟二碩　　　

（後缺）

二八三　唐某年九月四日于闐傑謝納冬裝羊皮抄

SI P 103.48

漢語于闐語雙語文書，3行。2行漢語，1行于闐語。此件因有于闐語而置於SI編號系統下，爲彼得羅夫斯基收集品。傑謝即今丹丹烏里克，可能來自該遺址。

參：*SD*, VII, pl.124; *SDTV*, III, 1995, 155-156（熊本裕提供漢語録文）；關尾史郎1997, 182-183, 188-189；吉田豐2006, 25, 138；吉田豐2012c, 151-152；榮新江2012, 24-25。

（前缺）

1　傑謝輸納冬裝羊皮壹拾伍☐☐☐

2　九月四日，典李感（署名），官☐☐☐

（空一行）

3　SI pāstāṃ hīvī kṣau　　（于闐語翻譯：羊皮的收據（抄））

二八四　于闐王尉遲曜十六年（782）勿日本借鄉頭斯略錢納糧契

SI P 103.49

28.5×27cm，13行于闐語，夾寫2行漢語。係于闐王尉遲曜（Viśa'Vāhaṃ）十六年（782）鄉頭斯略代勿日本納錢於Arttaa及叱半（chaupaṃ）Marṣä'ka，故與勿日本（Vaśi'rapāña）立契約，歸還條款以漢語規定。

參：*SD*, VII, pl.124; *SDTV*, III, 156（Helen Vitch釋讀）。

1　三月内分付小布壹，緤花

2　陸秤，准計壹碩陸斗。

二八五　唐建中六年(785)十月家人疾昨牒
　　俄Инв.5949

　　4行。黑水城文書從未見有唐朝建中年號文書，"疾昨"與英藏麻札塔格出土文書《唐勃羅門捺等名籍》(M.T.0199.b)中的"疾祚"應當都是于闐語譯名，故此推斷此爲混入黑水城文書中的和田出土文書(慶昭蓉提示)。

　　參：《俄羅斯科學院東方研究所聖彼得堡分所藏黑水城文獻》6,上海古籍出版社,2000年,彩版,319頁。

1　＿＿＿建中六年十月　日,家人疾昨牒

2　＿＿＿待捉歸軍處

3　＿＿＿令歸一頭十

4　＿＿＿日（押字）

德國吐魯番探險隊收集品

二八六　唐契

T IV Chotan（Ch 774）

11.1×7.4cm，1行。和田出土。

參：榮新江1998, 315; Nishiwaki 2001, 152。

（前缺）
1　至其年十二月卅日前☐☐☐
（後缺）

二八七　殘文書

T IV Chotan（Ch 2421）

8.6×6cm，1行，和田出土。

參：榮新江1998, 318; Nishiwaki 2001, 151–152。

（殘文無法釋録）

二八八　唐李承珪牒

T IV Chotan（Ch 3461r）

8.1×12.7cm，5行，和田出土。

參：Nishiwaki 2001, 70。

（前缺）

1　　　　　　□交領入

2　　　　　　　相共私

3

4

5　　　□李　承　珪　牒

（後缺）

二八九　唐書信

T IV Chotan（Ch 3461v）

8行, 和田出土。

參: Nishiwaki 2001, 145。

（前缺）

1　　不及

2　　呈

3　　至准

4　　等二

5　　　人

6　　星夜速報

7　　幸

8　　不□云云官

（後缺）

二九〇　唐抄本《經典釋文》卷二四《論語音義·微子第十八》

T IV Chotan（Ch 3473r）

28.5×16.3cm, 6行。殘紙已經斷爲幾個碎片, 在封入厚玻璃板中時，正背放置混亂，筆者曾據原件録文。小口雅史將正背調整，并做摹本、録文，今從之。與英藏Or.8211/973（M.T.c.001b）爲同一寫本，麻札塔格遺址出土。

參：Nishiwaki 2001, 40；小口雅史2007a, 16–29；2007b, 113–119；榮新江2015a, 118；榮新江2015b, 215–216。

（前缺）

1 　　□□□歷禓而五示□□□

2 　　□□丘之徒與滔治亂□□□辟人優不輟□□

3 　　□□種憮之徒與而誰與子路從蓧不分

4 而索植其而芸倚也拱而立而食□□

5 魚長幼己知以自己□□

6 曰不降其志齊□□

（後缺）

二九一　唐于闐胡盧野等鄉名籍

T IV Chotan（Ch 3473v）

6行。參看正面解題，此據原件録文，與小口雅史摹本、録文稍有差異。與英藏Or.8211/973（M.T.c.001b）背面爲同一文書。

參：榮新江1998, 320；小口雅史2007a, 16–29；2007b, 113–119；袁勇2021, 17–18。

（前缺）

1 　　　阿董廿□□

2 　　　者訏鄉實慶□□

3 　七　　　　　　　□□　□□

4　　　　胡盧野鄉耶瑟弄村撥邏冗卅九　　末錐廿五

5　　____□村搔冀卅五　　　　桑□道□卅一

6　　　____村末娑廿九____　　____藏村____

　　（後缺）

二九二　唐于闐鎮神山等館支糧曆

T IV Chotan（MIK III 7587）

　　27.5×34cm，存16行，背面倒書2行，記于闐北沿于闐河的神山堡以北草澤、欣衡、連衡、謀常四所館驛支用糧食帳，此四所館驛當屬唐朝安西四鎮之一于闐鎮。背繪馬。據內容，當爲麻札塔格遺址出土。

　　參：池田溫1991，No.7；榮新江1992，59；榮新江1998，323；Nishiwaki 2001，74；陳國燦2008，199-200；榮新江2015b，17。

　　（前缺）

1　　　____□□□□□____

　　　　　　　　　　　到　二月十□____

2　　　____□一石二斛，至二月十七日____

3　　□陽清，食米六斛，至二月____十八日草澤館

4　　子一人、欣衡館一人、連衡館四人、謀常館一人、般運子一人，

5　　共八人，食米一斛六升。□廿九日，草澤館一人、欣衡

6　　一人、連衡四人、謀常一人、般運子一人，共八人，

7　　食米一斛、麥一斛。　　廿日，神山已北四館____

8　　米一斛八升。　二月九日，都巡二人停十二日，食米

9　　四斛八升，馬兩疋，食米一斛。都巡停十二，馬兩疋，食

　　　□____

10　□□。二月十七日，押官田□八人軍後至，到二月九十
　　（十九）日，

11　□□陽清急付已北四館及看使料并脚力人糧□□□

12　□□石五斗三升。廿一日，神山已北四館々子八人，食
　　□

13　□□石五斗，破用訖。廿二日，神山已北四館□□□

14　□□米一斗六升。

15　□□四斗　　　　麵八斗

16　　□□米二斗，一人取米二斗□□□

　　（後缺）

背面畫馬，其後倒書：

　　（前白）

1　□□廿九日，停十二，馬兩疋，食麥□□□

2　　　□□思糧□□□

　　（後缺）

弗蘭克收集品

二九三　唐送神山館馬料人帳

Ho.1（205a+b）＋ Ho.3（205）

兩個編號三殘片，13×8.2cm，15.3×7.1cm；9×4.4cm，3行。Ho.1（205a+b）兩殘片應上下排列，但無法直接綴合；中間爲Ho.3（205）。人名上有勾畫。神山館又見德藏MIK III 7587（T IV Chotan）《唐于闐鎮神山等館支糧曆》，爲神山堡之館驛。此件得自英國駐喀什總領事，或出土於麻札塔格遺址。

　　參：西脇常記2009, 238–239。

　　（前缺）

1　送神山館糧馬料人司馬□□ ^{麥一石六斗}□□ 尉遲仙奴 ^{青麥一石六斗寸抄。}

2　薩波盆達門 ^{青麥□□} □□康□□□□ 羅守真

3　^{青麥一石六斗} 尉遲光奴□□

　　（後缺）

二九四　唐司胄名籍

Ho.2（205）

14×10cm，5行。字較一般文書小一號。得自英國駐喀什總領事。
　　參：西脇常記2009, 239。

（前缺）

1　司胄□□□

2　司胄尚□□　　□□

3　司胄梁崇子　　　□□

4　司胄杜希憨　　　□□

5　司胄馮雀六　　　□□

（後缺）

二九五　唐借錢契

Ho.4（205）

18.8×5cm，2行。得自英國駐喀什總領事。

參：西脇常記2009，239。

（前缺）

1　□□□□無信，故立此契。

2　□□　　　　錢主

（後缺）

二九六　殘字

Ho.5（205）

10.8×1.6cm。只存半個字。得自英國駐喀什總領事。

參：西脇常記2009，239。

（前缺）

1　□□□

（後缺）

二九七　唐糧帳

Ho.6（205）

6.1×3.3cm，2行。得自英國駐喀什總領事。

參：西脇常記2009，239。

（前缺）

1 ☐☐☐☐☐☐

2 ☐☐☐五卧

（後缺）

二九八　唐裝束錢文書

Ho.7（205）

5.7×2.1cm，1行。得自英國駐喀什總領事。

參：西脇常記2009，239。

（前缺）

1 ☐☐☐裝束錢☐☐☐

（後缺）

二九九　無字殘片

Ho.8（205）

3.8×2.4cm。得自英國駐喀什總領事。

參：西脇常記2009，239–240。

三〇〇　殘片

無編號（205）

2.8×2.3cm，殘一字。得自英國駐喀什總領事。

參：西脇常記2009，240。

（前缺）

1 ⬚⬚日⬚⬚

（後缺）

三〇一　無字殘片

無編號（205）

2.4×2.2cm。得自英國駐喀什總領事。

參：西脇常記2009，240。

三〇二　唐行軍戰陣名籍

Do.5（FK209a）

24.8×18.8cm，7行。皮紙，麻絲不勻。得自達瑪溝的和田商人。

參：西脇常記2009，240。

（前缺）

1　左奇郭伏奴　　鉗耳崇賓　　李守業　　達奚定惲　　宋
　義超　⬚⬚

2　安楚瓊　　　秦法信　　　王思隱　　孫滿言　　　右
　奇高庭過

3　三　　　　　人　　　　伊　　　　　　述

4　左奇王希之　　右伏賈光剩　　左伏鄭子雲

5　一　　十　　一　　　人　　　伊　母　嵯

6　左奇王懷瓚　史豐兒　郭元超　左伏張仙巖　右伏
　安希崇

7　　　梁万之　　　　樂希仙　　韓令莊　尚奉仙　　　范
明義　　右奇董嗣賢

（後缺）

三〇三　　唐錢帳

Do.6（FK209b）

　　17.9×13cm，5行。每行"計"字下文字偏左書寫。第1行殘存文字處亦存半邊印痕。又文書上有兩道橫劃，表示已經作廢。得自達瑪溝的和田商人。

　　參：西脇常記2009，240-241。

（前缺）

1　　　　　　　　　　　　　　　　　　　　計玖拾文。

2　　　□拾文 准兩別捌文柒分，計肆拾叄文伍分。

3　　　□□拾文 准兩別捌文柒分，計伍拾貳文貳分。

4　　　　　兩別捌文柒分，計伍拾貳文貳分。

5　　　　　　伍兩 兩別貳拾文，計壹伯文。

（後缺）

三〇四　　唐漢胡名籍

Do.7（FK209c）

　　25.5×17.5cm，8行。紙縫處没有印痕或押字。第6行"勿薩踵"又見Дx.18926+SI P 93.22+Дx.18928《唐大曆十六年（781）傑謝合川百姓勃門羅濟賣野駝契》，時爲保人年六十一歲；又見Hedin 15《于闐巳年（801）十二月廿一日于闐六城百姓勿薩踵、拂里勿納進奉絁紬抄》，爲六城質邏百姓。"末士"見Hedin 16（G）《于闐巳年（801）十一月至十二月于闐六城百姓納進奉絺紬抄》，時任六城薩波。得自達瑪溝的和田商人。

　　參：西脇常記2009，241。

　　（前缺）

1　　　　　　　　　　　□　衛元亮□□

2　苟懷信　楊言行　賀遂君洛　屈思嶠　□□□

3　劉才本　劉玉石　董仁瓘　　曹賢子　楊□

4　駱善敬　鍾屈忿　王思譃　　郭□□

5　茹大昌　勃桃瑟悡　咄溥　　　□

6　没羅捼　捼供　　可悉洞□　□

7　勿薩踵　末士　　桑虐　　　□

8　□□□　□□明　　　　□

　　（後缺）

三〇五　唐天寶四載（745）十一月廿四日典張貞牒
Do.8（FK209d）

　　20.5×12cm，6行。紙縫背有押字，未能判讀。月日上有印痕。得自達瑪溝的和田商人。

　　參：西脇常記2009，241。

　　（前缺）

1　　　□從今月十八日給，即日自□□□□□

2　　　□十二月二日起給者，牒所由準式者，故牒。

3　　　　　　　天寶四載十一月廿四日典張貞牒

4　　　　　　　　　判官別將韓□（簽名）

5　　　　　　　副使典軍王虔道

6 ☐☐☐趙入京　　連如 即日　　三日

（後缺）

三〇六　唐開元二十九年（741）牒

Do.9（FK209e）

21.3×19.1cm，7行。最後兩行文字上有印痕。得自達瑪溝的和田商人。

參：西脇常記2009，241–242。

（前缺）

1　　　☐☐在家☐☐

2　　☐☐前倉子党璩見在，請爲過 ☐☐

3　牒件翻胡書如前，謹牒。☐☐

4　　　　開元廿九年☐☐

5　　　　付判　　　　☐☐

6　　　　四月廿一☐☐

7　　　　☐☐☐

（後缺）

三〇七　唐差科簿

Do.10（FK209f）

6.1×9.3cm，4行。與Do.11（FK209g）字體、格式相同，當爲同一文書。得自達瑪溝的和田商人。

參：西脇常記2009，242。

（前缺）

1　　☐金奴　楊承明☐☐

2 ▢▢□ 六人▢▢

3 ▢▢崇訓 杜仙進▢▢

4 ▢▢孝忠^見_{村正行} 楊▢

（後缺）

三〇八 唐差科簿

Do.11（FK209g）

6.3×9.5cm，4行。與Do.10（FK209f）字體、格式相同，當爲同一文書。得自達瑪溝的和田商人。

參：西脇常記2009，242。

（前缺）

1 ▢▢疏 勒▢▢

2 ▢▢龐昇俊^{入見}▢▢

3 ▢▢□ 史元暉^{入侍兒}▢▢

4 ▢▢庭 張承仙▢▢

（後缺）

三〇九 唐古泉等屯糧食帳

Do.12r（FK209hr）

25.7×9.5cm，3行。得自達瑪溝的和田商人。

參：西脇常記2009，242。

（前缺）

1 　　　　　一百一十八石五斗床

2 　一千六百廿二石七斗六升古泉屯 ^{内七百卌九石九斗六升青二百卌石小}^{五百五十六石稻　七十六石粟}

3 　□百一十七石八斗貳升青　　□　　□　　二百廿三石八斗□

（後缺）

三一〇　唐習字

Do.12v（FK209hv）

4行。

參：西脇常記2009, 242。

（前缺）

1 屯屯屯屯屯屯屯屯屯屯屯屯屯屯屯□

2 屯屯屯屯屯屯屯屯屯屯屯屯屯屯屯

3 屯屯屯屯屯屯屯屯屯屯屯屯屯屯屯屯

4 據據據據據據據據據據據

（後缺）

三一一　唐范承嗣等名籍

Do.53（FK209i）

11×13cm，5行。得自達瑪溝的和田商人。

參：西脇常記2009, 243。

（前缺）

1 ☐☐　☐☐

2 ☐范承嗣　郭嘉賢　左令子

3 ☐嚴　司馬貴冗　吳景陽

4 ☐

5 　☐☐如前, 請☐

（後缺）

三一二　唐造馬面等文書

Kh.36（FK921）

8.7×6.8cm，1行。得自和田人Aksakal。

參: 西脇常記2009, 243。

（前缺）

1 造馬面一☐

（後缺）

三一三　唐借錢契

Kh.37r（FK922r）

10×8.3cm，4行。得自和田人Aksakal。

參: 西脇常記2009, 243。

（前缺）

1 ☐阡文, 於于闐☐

2 ☐☐即日交相分☐

3 　☐徵☐☐

4 ☐☐ 人無信 ☐☐

（後缺）

三一四　唐習字

Kh.37v（FK922v）

4行。

參：西脇常記2009, 243。

（前缺）

1　子將周
2　子將周
3　子將周
4　子將周

（後缺）

三一五　唐雜物帳

Kh.39（FK923）

9.8×4.5cm，2行。得自和田人Aksakal。

參：西脇常記2009, 243。

（前缺）

1　　☐大郎　甲一領　鎚兩頭☐☐
2　☐☐☐　　☐☐

（後缺）

三一六　殘片

　　Kh.40（FK924）

　　　3.4×3.3cm，1行。得自和田人Aksakal。

　　　參：西脇常記2009，243。

　　　（前缺）

1　　□□退　　　□□

　　　（後缺）

三一七　唐請私假文書

　　Kh.41（FK925）

　　　4.4×6.1cm，2行。與Kh.46（FK930）、Kh.54（FK938）字體、
格式同，當爲同一文書。得自和田人Aksakal。

　　　參：西脇常記2009，244。

　　　（前缺）

1　　□□之罪□□

2　　　　□龍池里　　父感爲户□

　　　（後缺）

三一八　唐樊兵馬使驢等帳

　　Kh.42（FK926）

　　　27.8×9.5cm，2行。得自和田人Aksakal。

　　　參：西脇常記2009，244。

（前缺）

1　樊兵馬使驢壹拾頭來遞□□□□作腳轢錢坊錫

2　　　　　兩馱館牛遞送稱

（後缺）

三一九　唐市司狀

Kh.43（FK927）

4.5×15.2cm，1行。得自和田人Aksakal。

參：西脇常記2009, 244。

（前缺）

1　市司　　　　狀上

（後缺）

三二〇　唐帳簿

Kh.44（FK928）

4.7×3.3cm，1行。得自和田人Aksakal。

參：西脇常記2009, 244。

（前缺）

1　驢各一□□□

（後缺）

三二一　唐帳簿

Kh.45（FK929）

11.7×6.7cm，2行。得自和田人Aksakal。

參：西脇常記2009，244。

（前缺）
1　壹▢▢▢
2　柒▢▢▢
（後缺）

三二二　唐請私假文書
Kh.46（FK930）

6.2×8.5cm，1行。與Kh.41（FK925）、Kh.54（FK938）字體、格式同，當爲同一文書。得自和田人Aksakal。
參：西脇常記2009，244。

（前缺）
1　請私假一日不犯杖十▢▢▢▢
（後缺）

三二三　唐嘉琳等名籍
Kh.47（FK931）

4.3×3.1cm，1行。得自和田人Aksakal。
參：西脇常記2009，244。

（前缺）
1　嘉琳　　▢▢▢▢
（後缺）

三二四 殘片

Kh.48（FK932）

3.5×2.8cm，1行。得自和田人Aksakal。

參：西脇常記2009，244-245。

（前缺）

1 ▢▢聞▢　　▢▢

（後缺）

三二五 殘片

Kh.49（FK933）

3×3.1cm，1行。得自和田人Aksakal。

參：西脇常記2009，245。

（前缺）

1 ▢▢不少，少亦▢▢

（後缺）

三二六 唐園地文書

Kh.51（FK935）

4.2×5cm，1行。與Kh.52（FK936）爲同一文書。得自和田人Aksakal。

參：西脇常記2009，245。

（前缺）

1 ▢▢□園一所地□▢▢

（後缺）

三二七　唐園地文書
　　Kh.52（FK936）

　　5.5×4.2cm，1行。與Kh.51（FK935）爲同一文書。得自和田人 Aksakal。

　　參：西脇常記2009，24。

　　（前缺）
1　　⬜⬜⬜□泥園一地⬜⬜
　　（後缺）

三二八　唐田子文書
　　Kh.53（FK937）

　　3.6×3.6cm，1行。得自和田人Aksakal。

　　參：西脇常記2009，245。

　　（前缺）
1　　⬜⬜⬜□卅田子收納官⬜⬜
　　（後缺）

三二九　唐請私假文書
　　Kh.54（FK938）

　　6.8×5.4cm，2行。與Kh.41（FK925）、Kh.46（FK930）字體、格式同，當爲同一文書。得自和田人Aksakal。

　　參：西脇常記2009，245。

　　（前缺）
1　　　⬜⬜⬜私假一日不犯杖十⬜⬜

2 　□□□ 京兆府　三原縣□

（後缺）

三三〇　唐名籍

Kh.55（FK939）

2×3.5cm，1行。得自和田人Aksakal。

參：西脇常記2009，245。

（前缺）

1　魯年壹□□□

（後缺）

三三一　（附）《合部金光明經》鬼神品

Kh.67（FK951）

15.4×14.2cm，7行。CBETA，T16，392c12–20。背面爲藏文文
書。得自和田人Aksakal。

參：西脇常記2009，245–246。

（前缺）

1　故有 □□□

2　普賢菩薩　□□

3　見如是等　□□

4　成就如是　諸□□

5　威德相貌　無□□

6　他方賊盜　能令退散□□

7　惡夢惱心　□□

（後缺）

三三二　（附）《大般涅槃經》卷三一

Kha.117（FK1001）

4.6×3.5cm，2行。CBETA，T12，552c18-19。得自和田人 Aksakal。

參：西脇常記2009，246。

（前缺）
1　□□□蕉生實□□□
2　□□□亦如芭蕉□□□
（後缺）

大谷探險隊收集品

三三三　唐文書

Ot.1554

10.5×9cm，1行。原注"和闐地方漢第一"，當出土於和田。

參：《大谷文書集成》壹，81。

（前缺）

1 ▢▢十八日▢▢▢

三三四　唐文書

Ot.1555

11×6cm，3行。原注"和闐地方漢第一"，當出土於和田。

參：《大谷文書集成》壹，81。

（前缺）

1 ▢▢▢

2 苗樹▢▢▢

3 ▢▢▢

（後缺）

三三五 唐牒文

Ot.1556

17.5×13cm，4行。原注"和闐地方漢第一"，當出土於和田。

參：《大谷文書集成》壹，81。

1 ☐☐☐
2 ☐☐☐☐☐
3 ☐表等各牒所由，追[節]
4 ☐牒所由，虞候領☐

（後缺）

三三六 唐某年九月十八日帖

Ot.1557

7×7cm，3行。原注"和闐地方漢第一"，當出土於和田。

參：《大谷文書集成》壹，81–82，110（插圖2）。

（前缺）

1 ☐☐☐☐
2 ☐☐患，帖☐☐
3 ☐☐九月十八☐☐

（後缺）

三三七 唐抄本《古文尚書正義》卷八《商書·太甲上第五》

Ot.8089

27.0×4.0cm，前、後缺，3行，有絲欄，和田出土。

參：《西域考古圖譜》（下）經籍2-1；《大谷文書集成》叁，圖版47; 233; 榮新江2015a, 117–118; 榮新江2015b, 215, 圖2。

（前缺）

1　行，[止謂行所安止，止於仁，子止於孝。] 君惟朕旨澤，万世ナ孚。[言□能循□□□□悦，王亦見歎美無窮也。]

王未克變。[未能變，不用訓。太甲性輕脱，伊尹至忠，所以不已也。]伊尹

2　曰："兹乃弗誼，習与性成。[言習行不義，將成其性也。]予狎于不順，營于同官，蜜尒先王其誉，亡俾世迷。

3　[狎，近也。營桐經墓立□□□] □□□

（後缺）

附：中國公私散藏收集品

吐魯番地區博物館徵集和田地區出土文書

三三八　唐于闐毗沙都督府案卷爲家畜事

吐魯番地區博物館藏01

本件文書字體規整，然有塗抹修改之處，似爲草稿，第2行上部空白處寫"問見"二字，又塗去。背面爲唐開元十七年（729）于闐蓋阿興牒爲奴送麥事，本件文書當寫於此後。據文書中所見人名、職官名，當爲于闐毗沙都督府之文書。

參：《新獲吐魯番出土文獻》，359；文欣2009，141。

1	百姓□□□□
2	百姓史□□□
3	百姓弥悉□年六□□
4	□□□被問見在百姓，今得破沙蘇越門胡書狀稱，□
5	□□□樹處分，其羊□遣還褐鑼，一仰具狀，其羊
6	□□□，爲當還褐鑼私羊，仰答。□悉曾移其
7	□□□即□□□□眺捉馳已後，捉得馳三
8	□□□早逐將桑□□□□□
9	□□□□

（後缺）

三三九　唐開元十七年（729）于闐盖阿興牒爲奴送麥事
吐魯番地區博物館藏02

本件文書寫於唐于闐毗沙都督府案卷爲家畜事背面，亦爲于闐文書。日期上鈐朱印一方，文曰"右豹韜衛□□府之印"（5.3×5.3cm）。按迄今未見于闐有隸屬中央十二衛之折衝府，則此或爲暫駐西域之行軍所用文書。印文中折衝府名暫未能識讀，然可參看斯坦因三區四號墓唐景龍三年（709）八月西州都督府承勅奉行等案卷所鈐"左豹韜衛弱水府之印"（Or.8212/529，沙知、吳芳思2005①，60-61，彩版二）。左、右豹韜衛係武后時代所改，廢於神龍元年（705），然邊區懸遠，或尚未收到中央官府所鑄新印。

參：《新獲吐魯番出土文獻》，360；劉後濱、王湛2013，23，29-30；管俊瑋2021，183-192。

（前缺）

```
1                    □□
2            □奴八送麥者，牒至准□□
3  開元十七年五月十四日典盖阿興□□
4         別□□
```
（後缺）

三四〇　唐某年某月二十六日于闐鎮守軍帖
吐魯番地區博物館藏03

本件帖文末鈐朱印一方，文曰"鎮守軍之印"（5.5×5.5cm）。據文末"使同節度副〔使〕"職銜，當爲大曆、貞元間（766—805）于闐文書。

參：《新獲吐魯番出土文獻》，361。

（前缺）

1　　拾文，帖至[准]□

2　　當送納，待[憑]□

3　　廿六日帖。

4　　　　　[知]□

5　　　　　□

6　　使同節度副□

和田某氏藏于闐漢語文書

三四一　唐開元十五年（727）九月十一日屋悉貴叱半伊里桑宜納稅抄

　　和田某氏藏01

　　漢語于闐語雙語文書，木簡，正背書，各1行。和田私人收藏，據照片録文。按，此處漢語和于闐語地名、糧食名稱不對應。應當出自麻札托格拉克遺址。

　　參：艾再孜·阿布都熱西提1998，104；吉田豊2006，109，figs.8-9；Rong and Wen 2009，104；榮新江、文欣2009，57-58；吉田豊2012a，152。

r1　屋悉貴叱半伊里桑宜，納小麥肆斗。開元十五年九月十一日，

v1　典劉德，官李賢賓。birgaṃdara śudaṃgulä rrusa kha 4 śyeye ṣau hviṃdū salye

　　（于闐語翻譯：拔伽處的Śudaṃgula在ṣau官Hviṃdū所管第二年送青麥4 kha（斗）。）

三四二　唐開元十五年（727）九月十三日屋悉貴叱半一里桑宜納稅抄

和田某氏藏02

漢語于闐語雙語文書，木簡，正背書，各1行。和田私人收藏，據照片録文。按，此處漢語和于闐語地名不對應。應當出自麻札托格拉克遺址。

參：艾再孜·阿布都熱西提1998, 104; Rong and Wen 2009, 104, figs.8–9; 榮新江、文欣2009, 57–58; 荒川正晴2011, 40; 榮新江2012, 22–23; 荒川正晴2014, 9。

r1　屋悉貴叱半一里桑宜，納青麥柒斗。開元十五年九月
　　十三

v1　　日，典劉德，官李賢賓。birgaṃdara śudaṃgulä rrusa
　　kha 7 śyeyye ṣau hviṃdū salye
　　（于闐語翻譯：拔伽處的Śudaṃgula在ṣau官Hviṃdū所管第二年送青麥7 kha（斗）。）

三四三　唐開元十五年（727）九月廿四日屋悉貴叱半桑俱（？）納稅抄

和田某氏藏03

漢語于闐語雙語文書，木簡，正背書，各1行。和田私人收藏，據照片録文。按，此處漢語和于闐語地名不對應。應當出自麻札托格拉克遺址。

參：艾再孜·阿布都熱西提1998, 104; Rong and Wen 2009, 104–105, figs.8–9; 榮新江、文欣2009, 57–58。

r1　屋悉貴叱半桑俱（？），納小麥伍斗。開元十五年九月

廿四日，典劉德，官

v1　李賢賓。birgaṃdara śudaṃgulä ganaṃ kha 5 śyeyye
ṣau hviṃdū salye

（于闐語翻譯：拔伽處的Śudaṃgula在ṣau官Hviṃdū所管
第二年〔送〕小麥5 *kha*（斗）。）

三四四　唐開元十五年（727）十月十日屋悉貴叱半伊里桑宜納稅抄

和田某氏藏04

漢語于闐語雙語文書，木簡，正背書，各1行。和田私人收藏，據照片錄文。于闐文之薩波Śūresa，參M.T.i.0028〔Mazar Toghrak〕中的ṣau śūresa（施杰我見告）。應當出自麻札托格拉克遺址。

參：艾再孜·阿布都熱西提1998，104；Rong and Wen 2009，105, figs.8-9；榮新江、文欣2009，57-58。

r1　屋悉貴叱半伊里桑宜，納粟陸斗。開元十五年十月十
日，典劉

v1　德，官李賢賓。śidaṃgulä spā—śūresa
（于闐語翻譯：Śidaṃgula給（？）薩波Śūresa）

北京某氏藏于闐漢語文書

三四五　唐貞元七年（791）七月傑謝鄉頭沒里曜思牒

北京某氏藏01

沒里曜思名見中國國家圖書館BH1-3《唐貞元六年（790）十月廿二日傑謝鎮倉算叱半史郎等交稅糧簿》第16行；又見於中國人民大學博物館GXW0107漢語于闐語雙語《唐于闐桑宜沒等欠錢

簿》，作"没里曜娑"（Brīyasä）；又見GXW0166:2背《唐建中三年
（782）傑謝鎮狀稿爲合鎮應管倉糧帳事》第4行，作"没里遥思"，時
在拔伽文門弟家。傑謝即今丹丹烏里克，應來自丹丹烏里克遺址。

參：張銘心、陳浩2010，1–10；文欣2008，114–115；文欣2009，
138–139；慶昭蓉、榮新江2022，51。

（前缺）

1　□□□□□□□□□□□□□□□□□□□□□□□

2　當鄉亦無此人，本刺史□□□起，依名

3　徵索稅糧、紬布訖，□□□判作債，填

4　納了，其人並不知去處。今遠投

5　大王，伏望判付，用阿摩支尋問將過，庶

6　免代此人賣身。請處分，謹牒。

7　　　貞元七年七月　日傑謝鄉頭没里曜思牒

三四六　唐某年于闐狀

北京某氏藏02

成如嵩應即Дx.18939《唐貞元十（？）年（794）條記》中的"成
副使"或"成嵩"。

（前缺）

1　□□□勿老移在於貫□

2　□□□身役次，被所由牽

3　□□□會今故使人追捉，望

4　□□□不停滯，千万千万，各限公

5　□□□人李幸不絕芳

6 　　　　奉狀不具,謹狀。

7 　　　　五日將軍成如嵩狀通

（中空）

8 　　　　寄含羔母羊二十六口,羯

9 　　　　二年並未收得,此奴甚無

10 　　　　破除,望垂處分,好好看

11 　　　　來收領,謹空。

補　遺

三四七　唐漢語—漢字音寫突厥語詞彙對譯
M.Tagh.0393（Or.12380/3948）

28×9cm，有紅色水漬。7行，奇數行爲漢語，偶數行爲相對應的漢字音寫突厥語詞。誤編入斯坦因所獲黑水城文獻部分，《英藏黑水城文獻》5將原編號誤作"mi-lagh 0393"。

參：《英藏黑水城文獻》5，359；西田龍雄2011，62；宮紀子2012，27–36；孫繼民、宋坤等2015，127–128；松井太2016，87–74；松井太2017，60–65。

（前缺）

1　____手，　　　腳，甕，　袍，　袴，　刀子，　刀，
氈，　貴 ____

2　____阿篤，　訖諾，舉，　監史何，　雍，　寒約，
訖礼支，　吉礼思，　鎓物約____

3　____庫房，　錢，　綾，　絹，　綿，　人，　婦
人，　□，　米酒____

4　____割思諾，　本諾，　□思□，　□故，　骨
對，　吉始，　骨覩寺，　跱，　覓你____

5　____　被，　□子□_____□□，　□

兒，　字□

6　□谷刪干，　吉呂□□□□，　屋

里，　寒的，　寒的□

7　□□　　　乾□□

（後缺）

參考文獻與縮略語

艾再孜·阿布都熱西提1998.《和田地區發現漢文、于闐文雙語木簡》,《新疆文物》1998年第3期,104頁。

陳國燦1994.《斯坦因所獲吐魯番文書研究》,武昌:武漢大學出版社,1994年。

陳國燦2008.《唐代的"神山路"與撥換城》,《魏晉南北朝隋唐史資料》24,武昌:武漢大學出版社,2008年,196—205頁。

陳國燦2013.《唐安西都護府駐軍研究》,《新疆師範大學學報》2013年第3期,55—61頁。

陳麗芳2014.《唐代于闐的童蒙教育——以中國人民大學博物館藏和田習字爲中心》,《西域研究》2014年第1期,39—45頁。

池田溫1979.《中國古代籍帳研究》,東京:東京大學出版會,1979年。

池田溫1991.《トルファン古寫本展解説》,東京:朝日新聞社,1991年。

池田溫1996.《麻札塔格出土盛唐寺院支出簿小考》,敦煌研究院編《段文傑敦煌研究五十年紀念文集》,北京:世界圖書出版公司,1996年,207—225頁。

赤木崇敏2011.《ロシア藏コータン出土唐代官文書Dx.18921,18940,18942》,《西北出土文獻研究》9,2011年,87—100頁。

《大谷文書集成》壹,小田義久編,京都:法藏館,1984年。

《大谷文書集成》叁,小田義久編,京都:法藏館,2003年。

丁俊2012.《中國人民大學博物館藏和田出土契約文書及相關問題的討論》,《新疆大學學報》第40卷第5期,2012年,61—69頁。

丁俊2016.《于闐鎮守軍徵税系統初探》,《西域研究》2016年第3期,13—23頁。

東野治之1983.《古代税制と荷札木簡》,《ヒストリア》第86號,1980年,1—29頁;收入作者《日本古代木簡の研究》,塙書房,1983年,45—98頁。

段晴2012.《Hedin 24號文書釋補》,新疆吐魯番學研究院編《語言背後的歷史——西域古典語言學高峰論壇論文集》,上海:上海古籍出版社,2012年,74—78頁。

《俄藏》8＝孟列夫、錢伯城主編《俄藏敦煌文獻》8,上海:上海古籍出版社、莫斯科:俄羅斯科學出版社東方文學部,1997年。

《俄藏》17＝孟列夫、錢伯城主編《俄藏敦煌文獻》17,上海:上海古籍出版社、莫斯科:俄羅斯科學出版社東方文學部,2001年。

《俄藏黑水城文獻》6,史金波、魏同賢、克恰諾夫主編,上海:上海古籍出版社,2000年。

關尾史郎1988.《トゥルファン出土高昌國税制關係文書の基礎的研究——條記文書の古文書學的分析を中心として(一)》,《新潟大學人文科學研究》第74輯別輯,1988年,47—109頁。

關尾史郎1997.《コータン出土唐代税制關係文書小考——領抄文書を中心として》,《平田耿二教授還曆記念論文集:歷史における史料の發見——あたらしい"讀み"へむけて》,東京,1997年,177—204頁。

管俊瑋2021.《〈唐開元十七年(729)于闐盖阿興牒爲奴送麥事〉性質考釋》,《敦煌吐魯番研究》第20卷,上海:上海古籍出版社,2021年,183—192頁。

郭鋒1990.《大英圖書館藏未經馬斯伯樂刊佈之斯坦因第三次中亞探險所獲漢文文書》,《敦煌學輯刊》1990年第2期,112—126頁。

郭鋒1993.《斯坦因第三次中亞探險所獲甘肅新疆出土漢文文書——未經馬斯伯樂刊佈的部分》,蘭州:甘肅人民出版社,1993年。

荒川正晴1994.《唐代コータン地域のulaγについて——マザル=ターク出土、ulaγ關係文書の分析を中心にして》,龍谷大學史學會編《小田教授華甲記念史學論集》(=《龍谷史壇》第103—104號),1994年,17—38頁。

荒川正晴1995.《唐代于闐的"烏駱"——以tagh麻札出土有關文書的分析爲中心》,章瑩譯,《西域研究》1995年第1期,66—76頁。

荒川正晴1997.《クチャ出土〈孔目司文書〉攷》,《古代文化》第49卷第3號,1997年,1—18頁。

荒川正晴2011.《英國圖書館藏和田出土木簡的再研究——以木簡内容及其性質爲中心》,田衛衛譯,《西域文史》第6輯,北京:科學出版社,2011年,35—48頁。

荒川正晴2013.《唐代中央アジアにおける帖式文書の性格をめぐって》,土肥義和編《敦煌・吐魯番出土漢文文書の新研究》(修訂版),東京:東洋文庫,2013年,271—291頁。

荒川正晴2014.《大英圖書館所藏コータン出土木簡の再檢討——木簡内容とその性格をめぐって》,《待兼山論叢・史學篇》第48號,2014年,1—23頁。

吉田豐2006.《コータン出土8-9世紀のコータン語世俗文書に關する覺え書き》,《神戸市外國語大學研究叢書》第38册(2005)),神戸:神戸市外國語大學外國學研究所,2006年。

吉田豐2008.《有關和田出土8—9世紀于闐語世俗文書的札記(二)》,榮新江、廣中智之譯,《西域文史》第3輯,北京:科學出版社,2008年,97—108頁。

吉田豐2009.《有關和田出土8—9世紀于闐語世俗文書的札記

（一）》，廣中智之譯，榮新江校，《敦煌吐魯番研究》第11卷，
　　上海：上海古籍出版社，2009年，147—182頁。

吉田豐2012a.《有關和田出土8—9世紀于闐世俗文書的札記（三）》
　　上，田衛衛譯，《敦煌學輯刊》2012年第1期，143—158頁。

吉田豐2012b.《有關和田出土8—9世紀于闐世俗文書的札記（三）》
　　中，田衛衛譯，《敦煌學輯刊》2012年第2期，165—176頁。

吉田豐2012c.《有關和田出土8—9世紀于闐世俗文書的札記（三）》
　　下，田衛衛譯，《敦煌學輯刊》2012年第3期，148—161頁。

林梅村1993.《新疆和田出土漢文于闐文雙語文書》，《考古學報》
　　1993年第1期，89—107頁；後改名《新疆和田出土漢文–于闐
　　文雙語文書跋》，收入《西域文明：考古、民族、語言和宗教新
　　論》，北京：東方出版社，1996年，209—233頁。

劉後濱、王湛2013.《唐代于闐文書折衝府官印考釋——兼論于闐
　　設置折衝府的時間》，《西域研究》2013年第3期，23—30頁。

劉子凡2014.《于闐鎮守軍與當地社會》，《西域研究》2014年第1
　　期，16—28頁。

孟憲實2014.《于闐鎮守軍及使府主要職官——以中國人民大學博
　　物館藏品爲中心》，《西域研究》2014年第1期，1—8頁。

慶昭蓉2017.《吐火羅語世俗文獻與古代龜茲歷史》，北京：北京
　　大學出版社，2017年。

慶昭蓉、榮新江2022.《唐代磧西"稅糧"制度鈎沉》，《西域研
　　究》2022年第2期，47—72頁。

日本書道教育會議編《スウェン・ヘディン樓蘭發見殘紙・木牘》，
　　東京：書道教育會議，1988年。

榮新江1992.《于闐在唐朝安西四鎮中的地位》，《西域研究》
　　1992年第3期，56—64頁。

榮新江1993.《關於唐宋時期中原文化對于闐影響的幾個問題》，北
　　京大學中國傳統文化研究中心編《國學研究》第1卷，北京：北京

大學出版社, 1993年, 401—424頁。

榮新江1996. 《海外敦煌吐魯番文獻知見錄》, 南昌: 江西人民出版社, 1996年。

榮新江1998. 《德國吐魯番收集品中的漢文典籍與文書》, 饒宗頤編《華學》3, 北京: 紫禁城出版社, 309—325頁。

榮新江2009. 《唐代于闐史概說》, 中國新疆文物考古研究所、日本佛教大學尼雅遺址學術研究機構編著《丹丹烏里克遺址——中日共同考察研究報告》, 北京: 文物出版社, 2009年, 5—31頁。

榮新江2012. 《漢語−于闐語雙語文書的歷史學考察》, 新疆吐魯番學研究院編《語言背後的歷史——西域古典語言學高峰論壇論文集》, 上海: 上海古籍出版社, 20—31頁。

榮新江2013. 《〈蘭亭序〉在西域》, 中國人民大學國學院編《國學的傳承與創新——馮其庸先生從事教學與科研六十周年慶賀學術文集》, 上海: 上海古籍出版社, 1099—1108頁。

榮新江2014. 《〈蘭亭序〉および〈尚想黃綺〉帖の西域における流傳》(村井恭子譯), 東方學研究論集刊行會編《高田時雄教授退職紀念東方學研究論集》(日英文分冊), 京都: 臨川書店, 2014年, 89—104頁。

榮新江2015a. 《唐朝時期における漢籍の西域流布》(西村陽子譯),《内陸アジア言語の研究》第30號 (吉田豊教授・荒川正晴教授還暦記念特集號), 2015年, 113—130頁。

榮新江2015b. 《絲綢之路與東西文化交流》, 北京: 北京大學出版社, 2015年。

榮新江2017. 《絲綢之路也是一條"寫本之路"》,《文史》2017年第2輯, 75—103頁。

榮新江、文欣2009. 《和田新出漢語−于闐語雙語木簡考釋》,《敦煌吐魯番研究》第11卷, 上海: 上海古籍出版社, 2009年, 45—69頁。

森安孝夫1984.《吐蕃の中央アジア進出》,《金澤大學文學部論集・史學科篇》第4號,1984年,1—85頁。

沙知、吴芳思2005①②.《斯坦因第三次中亞考古所獲漢文文獻(非佛經部分)》①②册,上海:上海辭書出版社,2005年。

沙知《勘誤》= 沙知《〈斯坦因第三次中亞考古所獲漢文文獻〉(非佛經部分)勘誤》,《敦煌吐魯番研究》第10卷,上海:上海古籍出版社,2007年,371—382頁。

沈琛2016.《吐蕃統治時期于闐的行政地理—— 兼論神山的地位》,榮新江主編《唐研究》第22卷,北京:北京大學出版社,2016年,401—422頁。

沈琛2019.《吐蕃統治時期于闐的軍事體制考論》,葉煒主編《唐研究》第24卷,北京:北京大學出版社,2019年,87—120頁。

施萍婷1997.《俄藏敦煌文獻經眼録(二)》,《敦煌吐魯番研究》第2卷,北京:北京大學出版社,1997年,313—330頁。

松井太2016.《大英圖書館所藏對譯語彙斷片Or.12380/3948再考》,《東方學》第132號,2016年,87—74頁。

松井太2017.《英國圖書館藏"蕃漢語詞對譯"殘片(Or.12380/3948)再考》,白玉冬譯,《敦煌研究》2017年第3期,60—65頁。

孫繼民、宋坤等2015.《英藏及俄藏黑水城漢文文獻整理》,天津:天津古籍出版社,2015年。

唐耕耦等1990.《敦煌社會經濟文獻真跡釋録》第2輯,北京:全國圖書館文獻縮微複製中心,1990年。

藤田高夫2001.《大英圖書館藏唐代木簡初探——スタイン・コレクション未公開資料覺書》,《關西大學東西學術研究所創立五十週年記念論文集》,大阪:關西大學東西學術研究所,2001年,363—376頁。

王冀青1987.《〈英國博物院藏敦煌漢文寫本注記目録〉中誤收的斯坦因所獲和闐文書辨釋》,《敦煌學輯刊》1987年第2期,

94—108頁。

王冀青1991.《英國圖書館東方部藏"霍爾寧搜集品"漢文寫本的調查與研究》,《蘭州大學學報》1991年第1期,143—150頁。

王冀青1998.《斯坦因第四次中亞考察所獲漢文文書》,《敦煌吐魯番研究》第3卷,北京:北京大學出版社,1998年,259—290頁。

王興伊、段逸山2016.《新疆出土涉醫文書輯校》,上海:上海科學技術出版社,2016年。

文欣2008.《于闐國"六城"（kṣa au）新考》,《西域文史》第3輯,北京:科學出版社,2008年,109—126頁。

文欣2009.《于闐國官號考》,《敦煌吐魯番研究》第11卷,上海:上海古籍出版社,2009年,121—146頁。

西脇常記2009.《もう一つのドイツ中央アジア將來文獻——フランケ・コレクションについて》,作者《中國古典社會における佛教の諸相》,東京:知泉書館,2009年,233—246頁。

《西域考古圖譜》（上·下）,香川默識編,東京:國華社,1915年。

小口雅史2007a.《ベルリン・吐魯番コレクション中のコータン人名録（Ch 3473）をめぐって》,《法政史學》第67號,2007年,16—29頁。

小口雅史2007b.《前號拙稿〈ベルリン・吐魯番コレクション中のコータン人名録（Ch 3473）をめぐって〉補訂》,《法政史學》第68號,2007年,113—119頁。

小田義久1962.《西域における寺院經濟について》,《龍谷大學佛教文化研究所紀要》第1號,1962年,140—147頁。

《新獲吐魯番出土文獻》,榮新江、李肖、孟憲實主編,北京:中華書局,2008年。

薛宗正1996.《隋唐時期塔里木城邦諸國的社會生活》,《中國邊疆史地研究》1996年第2期,5—14頁。

楊銘2003.《英藏新疆麻札塔格、米蘭出土藏文寫本選介（二）——

武内紹人〈英國圖書館藏斯坦因收集品中的新疆出土古藏文寫本〉部分》,《敦煌學輯刊》2003年第1期, 18—28頁。

楊銘、貢保扎西、索南才讓2014.《英國收藏新疆出土古藏文文書選譯》,烏魯木齊: 新疆人民出版社, 2014年。

殷晴1997.《3—8世紀新疆寺院經濟的興衰》,《西域研究》1997年第2期, 29—38頁。

殷紅梅1998.《從出土文書看唐代西域的賦役》,《西域研究》1998年第3期, 46—55頁。

《英藏》9 =《英藏敦煌文獻》第9卷, 中國社會科學院歷史研究所等編, 成都: 四川人民出版社, 1994年。

《英藏》11 =《英藏敦煌文獻》第11卷, 中國社會科學院歷史研究所等編, 成都: 四川人民出版社, 1994年。

《英藏》14 =《英藏敦煌文獻》第14卷, 中國社會科學院歷史研究所等編, 成都: 四川人民出版社, 1995年。

《英藏黑水城文獻》5, 北方民族大學等編, 上海: 上海古籍出版社, 2010年。

《于闐史叢考》, 張廣達、榮新江著, 上海: 上海書店出版社, 1993年。

《于闐史叢考》(增訂本), 張廣達、榮新江著, 北京: 中國人民大學出版社, 2008年。

袁勇2021.《公元7—8世紀于闐國的人口與社會——以傑謝和拔伽爲例評議》, 北京大學外國語學院碩士論文, 2021年。

張廣達、榮新江1988a.《〈唐大曆三年三月典成銑牒〉跋》,《新疆社會科學》1988年第1期, 60—69頁。

張廣達、榮新江1988b.《關於和田出土于闐文獻的年代及其相關問題》,《東洋學報》第69卷第1、2號, 1988年, 59—86頁。

張廣達、榮新江1997.《八世紀下半至九世紀初的于闐》, 榮新江主編《唐研究》第3卷, 北京: 北京大學出版社, 1997年, 339—361頁, 圖版1。

張廣達、榮新江2002. 《聖彼得堡藏和田出土漢文文書考釋》,《敦煌吐魯番研究》第6卷, 北京: 北京大學出版社, 2002年, 221—241頁。

張銘心、陳浩2010. 《唐代鄉里制在于闐的實施及相關問題研究——以新出貞元七年和田漢文文書爲中心》,《西域研究》2010年第4期, 1—10+137頁。

朱麗雙2021. 《Pe'mīna thau: 古代于闐的毛織布》,《西域研究》2021年第2期, 87—98+171頁。

Chavannes, É. 1907. "Chinese Documents from the Sites of Dandān-uiliq, Niya and Endere", Appendix A to Stein 1907, pp.521–547.

Chavannes, É. 1913. *Les documents chinois découverts par Aurel Stein dans les sables du Turkestan oriental*, Oxford, 1913.

Demiéville, P.1961. "Deux documents de Touen-houang sur le Dhyana chinois", *Essays on the History of Buddhism presented to Professor Zenryū Tsukamoto*, Kyoto 1961, pp.1–27.

Hoernle, A. F. R. 1897. "Three Further Collections of Ancient Manuscripts from Central Asia", *Journal of the Asiatic Society of Bengal, part I (=JASB)* LXVI.1, No.4, 1897, pp.213–260+24pls.

Hoernle, A. F. R. 1899. "A Collection of Antiquities from Central Asia, part I", *JASB* LXVIII.1 (1899), Extra No.1, 1899.

Hoernle, A. F. R. 1901. "A Report on the British Collection of

Antiquities from Central Asia, Part II", *JASB*, 70.1, Extra No.1, 1901.

Hoernle, A. F. R. 1916. *Manuscript Remains of Buddhist Literature Found in Eastern Turkestan. Facsimiles (of Manuscripts in Sanskrit, Khotanese, Kuchean, Tibetan and Chinese) with Transcripts, Translations and Notes,* edited in conjunction with other scholars by A. F. R. Hoernle, with critical introductions and vocabularies [vol. I], Oxford, 1916.

KT, II. H. W. Bailey, *Khotanese Texts,* vol. II, 1st ed., Cambridge, 1954.

KT, III. H. W. Bailey, *Khotanese Texts,* vol. III, 1st ed., Cambridge, 1956.

KT, IV. H. W. Bailey, *Khotanese Texts,* vol. IV: Saka Texts from Khotan in the Hedin Collection, 1st ed., Cambridge, 1961.

KT, V. H. W. Bailey, *Khotanese Texts*, vol. V, Cambridge, 1963.

KT, I-III. H. W. Bailey, *Khotanese Texts*, vol. I-III, in 1 vol. as 2nd ed., Cambridge, 1969.

Kumamoto, H. 1996. "The Khotanese Documents from the Khotan Area", *Memoires of the Research Department of the Toyo Bunko*, 54, 1996, pp.27-64.

Kumamoto, H. 2001. "Sino-Hvatanica Petersburgensia (Part I)", *Manuscripta Orientalia. International Journal for Oriental Manuscript Research*, 7.1, March 2001, pp.3-9.

Kumamoto, H. 2007. "Sino-Hvatanica Petersburgensia, II", in *Irania Languages and Texts from Iran and Turfan, Ronald. E. Emmerick Memorial Volume*, eds. by Maria Macuch, Mauro Maggi & Werner Sundermann, Wiesbaden: Harrasowitz Verlag, 2007, pp.147–160.

Maspero, H. 1953. *Les documents chinois de la troisième expédition de Sir Aurel Stein en Asie Centrale*, London: The British Museum, 1953.

Nishiwaki, T. 2001. *Chinesische Texte vermischten Inhalts aus der Berliner Turfansammlung* (*Chinesische und manjurische Handschriften und seltene Drucke*. Teil 3), Stuttgart: Franz Steiner Verlag, 2001.

Popova, I. 2012. "Remarks on the Documents SI O/32 [4112] and Д x .18923 of the IOM RAS Collection", 高田時雄編《涅瓦河邊談敦煌》(*Talking about Dunhuang on the Riverside of the Neva*)(京都大學人文科學研究所, 2012年, 21—38頁。

Rong Xinjiang and Wen Xin 2009. "Newly Discovered Chinese-Khotanese Bilingual Tallies", *Journal of Inner Asian Art and Archaeology*, III, ed. J. Lerner and L. Russel-Smith, 2009, pp.99–118.

SD, I, III, IV. H. W. Bailey (ed.), *Saka Documents (Corpus Inscriptionum Iranicarum, Part II: Inscriptions of the Seleucid and Parthian Period and of Eastern Iran and Central Asia, Vol.*

V: Saka): Plates. Portfolio. I, III, IV, London: Percy Lund, Humphries, 1960, 1964, 1967.

SD, VII. R. E. Emmerick and M. I. Vorob' ëva-Desjatovskaja (ed.), *Saka Documents* VII: *the St. Petersburg Collections*, London: School of Oriental and African Studies, 1993.

SDTV. H. W. Bailey, *Saka Documents, Text Volume*, London: Percy Lund, Humphries, 1968.

SDTV, III. R. E. Emmerick and M. I. Vorob' ëva-Desjatovskaja, *Saka Documents, Text Volume* III: *the St. Petersburg Collections*, London: School of Oriental and African Studies, 1995.

Skjærvø, P. O. 2002. *Khotanese Manuscripts from Chinese Turkestan in the British Library. A Complete Catalogue with Texts and Translations*, with contribution by U. Sims-Williams, London: British Library Publishing, 2002 (corrected repr. 2003).

Skjærvø, P. O. 2009. "The End of Eighth-Century Khotan in Its Texts", *Journal of Inner Asian Art and Archaeology*, III, ed. J. Lerner and L. Russel-Smith, pp.119 –144.

Stein, A. 1907. *Ancient Khotan. Detailed Report of Archaeo-logical Explorations in Chinese Turkestan*, 2 vols., Oxford: Clarendon Press, 1907.

Stein, A. 1921. *Serindia. Detailed Report of Explorations in Central Asia and Westernmost China*, 5 vols., Oxford: Clarendon Press, 1921.

Stein, A. 1928. *Innermost Asia. Detailed Report of Explorations on Central Asia, Kansu and Eastern Iran*, 4 vols., Oxford: Clarendon Press, 1928.

Takeuchi 1997-1998. *Old Tibetan Manuscripts from East Turkestan in the Stein Collection of the British Library*, vol. 1 -2, Tokyo - London.

TLTD II. F. W. Thomas, *Tibetan Literary Texts and Documents concerning Chinese Turkestan*, Part II: Documents (Oriental Translation Fund, New Series XXXVII), London, 1951.

TTD, III. T. Yamamoto & O. Ikeda. *Tun-huang and Turfan Documents concerning Social and Economic History*, III. Contracts (A)(B), Tokyo: Toyo Bunko, 1986-1987.

Wang Jiqing 1998. "Photographs in the British Library of Documents and Manuscripts from Sir Aurel Stein's Fourth Central Asian Expedition", *The British Library Journal* 24:1, 1998, pp.23-74.

Zhang Zhan 2016. *Between China and Tibet: A Documentary History of Khotan in the Late Eighth and Early Ninth Century*, Dissertation of Harvard University, 2016.

索　引

人名地名索引

---

①按，一七四《唐于闐某寺支用曆》未載寺名，因發現於神山堡，暫名"神山寺"。

于闐文書編號索引

文書編號	本書編號	文書編號	本書編號
Bal.0221	二三	D.vii.3a	二七
Balaw.0160	一八	D.vii.3b	二八
Balaw.0161	一九	D.vii.3c	二九
Balaw.0162	二〇	D.vii.3d	三四
Balaw.0163	二一	D.vii.4a	三〇
Balaw.0164	二二	D.vii.4b	三四
Balawaste 009	一五	D.vii.4c	三一
Balawaste 0010	一六	D.vii.4d	三二
Balawaste 0011	一七	D.vii.4d	三三
Ch 774	二八六	D.vii.4e	三四
Ch 2421	二八七	D.vii.4f	三五
Ch 3461r	二八八	D.vii.7	三六
Ch 3461v	二八九	D.viii.1	三七
Ch 3473r	二九〇	Do.5	三〇二
Ch 3473v	二九一	Do.6	三〇三
D.ix.1	三八	Do.7	三〇四
D.v.5	二四	Do.8	三〇五
D.v.6	二五	Do.9	三〇六
D.vii.2	二六	Do.10	三〇七

續表

文書編號	本書編號	文書編號	本書編號
Do.11	三〇八	Dumaqu 0163	五七
Do.12r	三〇九	Dumaqu C	五八
Do.12v	三一〇	Dumaqu D	五九
Do.53	三一一	E.i.8	六〇
Dom.0136	三九	E.i.36	六一
Dom.0138	四〇	E.i.37	六二
Dom.0139b	四一	E.i.44	六三
Dom.0139c	四二	E.iii	六四
Dom.0139d	四三	[FK]205	二九三
Dom.0139e	四四		二九四
Dom.0139f	四五		二九五
Dom.0139g	四六		二九六
Dom.0140a	四七		二九七
Dom.0140b	四八		二九八
Dom.0142	四九		二九九
Dom.0157	五〇		三〇〇
Dom.0158	五一		三〇一
Dom.0159a	五二	[FK]205a+b	二九三
Dom.0159b	五三	FK209a	三〇二
Dom.(a.b.c)	五四	FK209b	三〇三
Dom.unnumbered (o.p)	五五	FK209c	三〇四
Domoko C	五八	FK209d	三〇五
Domoko D	五九	FK209e	三〇六
Dumaqu 0141	五六	FK209f	三〇七

續表

文書編號	本書編號	文書編號	本書編號
FK209g	三〇八	G.1	四
FK209hr	三〇九	G.17	一〇
FK209hv	三一〇	H.1	一
FK209i	三一一	H.2	二
FK921	三一二	H.3	三
FK922r	三一三	H.4	四
FK922v	三一四	H.5	五
FK923	三一五	H.6	六
FK924	三一六	H.7	七
FK925	三一七	H.8	八
FK926	三一八	H.9	九
FK927	三一九	H.10	一〇
FK928	三二〇	H.11	一一
FK929	三二一	H.12	一一
FK930	三二二	H.150.viii	一三
FK931	三二三		一四
FK932	三二四	Hedin 10v	二五〇
FK933	三二五	Hedin 15	二五一
FK935	三二六	Hedin 16	二五二
FK936	三二七	Hedin 22v	二五三
FK937	三二八	Hedin 24	二五四
FK938	三二九	Hedin 73v	二五五
FK939	三三〇	Hedin（無編號）	二五六
FK951	三三一	Ho.1	二九三
FK1001	三三二	Ho.2	二九四

續表

文書編號	本書編號	文書編號	本書編號
Ho.3	二九三	Kh.52	三二七
Ho.4	二九五	Kh.53	三二八
Ho.5	二九六	Kh.54	三二九
Ho.6	二九七	Kh.55	三三〇
Ho.7	二九八	Kh.67	三三一
Ho.8	二九九	Kha.117	三三二
IOL Khot 43/11~20	一八七	Kha.i.47.a	六六
IOL Khot W 43	一二	Khad.02	六五
IOL Khot W 59/1+2	一三	Kuduk-kol.040	六七
IOL Khot W 63	一四	Kuduk-kol.043	六八
Kh.36	三一二	M.3.1	五
Kh.37r	三一三		八
Kh.37v	三一四	M.3.2	六
Kh.39	三一五		九
Kh.40	三一六	M.3.3	七
Kh.41	三一七		一一
Kh.42	三一八	M.3.4	一一
Kh.43	三一九	M.9.a	一
Kh.44	三二〇	M.9.b	二
Kh.45	三二一	M.9.c	三
Kh.46	三二二	M.T.20	一八七
Kh.47	三二三	M.T.25	一八八
Kh.48	三二四	M.T.26	一八九
Kh.49	三二五	M.T.27	一九〇
Kh.51	三二六		一九一

續表

文書編號	本書編號	文書編號	本書編號
M.T.29	一九二	M.T.52	二一七
	一九三	M.T.53	二一八
M.T.31	一九四		二一九
M.T.33	一九五	M.T.55	二二〇
M.T.34	一九六		二二一
	一九七		二二二
M.T.35	一九八	M.T.56	二二三
M.T.36	一九九		二二四
	二〇〇	M.T.57	二二五
M.T.37	二〇一		二二六
M.T.39	二〇二	M.T.59	二二七
	二〇三		二二八
	二〇四	M.T.63	二二九
M.T.40	二〇五	M.T.65	二三〇
M.T.42	二〇六		二三一
	二〇七	M.T.70	二三二
	二〇八	M.T.73	二三三
M.T.43	二〇九	M.T.77	二三四
M.T.43a	二一〇	M.T.080	六九
M.T.44	二一一	M.T.085	七〇
M.T.45	二一二	M.T.086	七一
M.T.46	二一三	M.T.088	七二
M.T.49	二一四	M.T.092r	七三
M.T.50	二一五	M.T.092v	七四
M.T.51	二一六	M.T.095	七五

續表

文書編號	本書編號	文書編號	本書編號
M.T.096	七六	M.T.0122	一〇一
M.T.097	七七	M.T.0123	一〇二
M.T.0100	七八	M.T.0124	一〇三
M.T.0101	七九	M.T.0125	一〇四
M.T.0102	八〇	M.T.0126	一〇五
M.T.0103	八一	M.T.0127	一〇六
M.T.0104r	八二	M.T.0128	一〇七
M.T.0104v	八三	M.T.0129	一〇八
M.T.0105	八四	M.T.0130	一〇九
M.T.0106	八五	M.T.0131	一一〇
M.T.0107	八六	M.T.0132	一一一
M.T.0108	八七	M.T.0133	一一二
M.T.0109	八八	M.T.0134	一一三
M.T.0111	八九	M.T.0135	一一四
	九〇	M.T.0136	一一五
M.T.0112r	九一	M.T.0137	一一六
M.T.0112v	九二	M.T.0138	一一七
M.T.0113	九三	M.T.0139	一一八
M.T.0114	九四	M.T.0140	一一九
M.T.0116	九五		一二〇
M.T.0117	九六	M.T.0142	一二一
M.T.0118	九七	M.T.0194	一二二
M.T.0119	九八	M.T.0196a	一二三
M.T.0120	九九	M.T.0196b, c	一二四
M.T.0121	一〇〇	M.T.0198	一二五

續表

文書編號	本書編號	文書編號	本書編號
M.T.0199a	一二六	M.T.0627	一四九
M.T.0199b	一二七	M.T.0628r	一五〇
M.T.0199c	一二八	M.T.0628v	一五一
M.T.0209	一二九	M.T.0629	一五二
M.T.0215	一三〇	M.T.0630	一五三
M.T.0231	一三一	M.T.0631	一五四
M.T.0236bis（c）	一三二	M.T.0632	一五五
M.T.0391	一三三	M.T.0634	一五六
M.T.0394	一三三		一五七
M.T.0395	一三四	M.T.0634（1）（4）	一五八
M.T.0399	一三五	M.T.0634（2）	一五九
M.T.0403	一三六	M.T.a.001	一六〇
M.T.0404	一三七	M.T.a.002	一六一
M.T.0469	一三八	M.T.a.003	一六二
M.T.0478	一三九		一六三
M.T.0620（1~2）	一四〇	M.T.b.001	一六四
M.T.0620（3）	一四一	M.T.b.002	一六五
M.T.0620（4）	一四二	M.T.b.003r	一六六
M.T.0620（5）	一四三	M.T.b.003v	一六七
M.T.0621	一四四	M.T.b.005	一六八
M.T.0622	一四五	M.T.b.006a	一七一
M.T.0623	一三九	M.T.b.006r	一六九
M.T.0624	一四六	M.T.b.006v	一七〇
M.T.0625	一四七	M.T.b.007	一七二
M.T.0626	一四八	M.T.b.008	一七三

文書編號	本書編號	文書編號	本書編號
M.T.b.009	一七四	Or.6408	七
M.T.c.001b	一七五	Or.6409	八
M.T.c.001c	一七六		九
M.T.c.ii.0067	一七七		一〇
M.T.c.iii	一七八		一一
M.T.c.iii.0093	一七九	Or.8210/S.5862	三八
M.T.i.16a	一八〇	Or.8210/S.5864	二五
M.T.i.16b	一八一	Or.8210/S.5867	二六
M.T.i.19a	一八二	Or.8210/S.5868	三六
M.T.i.19b, f	一八三	Or.8210/S.5869	三四
M.T.i.19c	一八四	Or.8210/S.5870	二七
M.T.i.19d	一八五	Or.8210/S.5871	三〇
M.T.	一八六	Or.8210/S.5872	二七
M.Tagh.0393	三四七	Or.8210/S.5891	二四
MIK III 7587	二九二	Or.8210/S.6964	六〇
OIOC Photo 392/57 T.O.45/1	五八	Or.8210/S.6965	六二
OIOC Photo 392/57 T.O.45/2	五九	Or.8210/S.6966	六三
Or.6405	一	Or.8210/S.6967	三四
Or.6406	二	Or.8210/S.6968	三五
Or.6407	三	Or.8210/S.6969	三二
Or.6408	四		三三
	五	Or.8210/S.6970	三一
	六	Or.8210/S.6971	三四

續表

文書編號	本書編號	文書編號	本書編號
Or.8210/S.6972	二八	Or.8211/977	二〇一
	二九	Or.8211/978	一八九
Or.8210/S.9464r	二三五	Or.8211/979	二一一
Or.8210/S.9464v	二三六	Or.8211/980	二二九
Or.8210/S.11585	三七	Or.8211/981	一五
Or.8211/951	一六〇	Or.8211/982	一六
Or.8211/952	一六一	Or.8211/983	一七
Or.8211/953	一六二	Or.8211/1734	一八八
Or.8211/954	一八六	Or.8211/1735a	一九〇
Or.8211/957	一六三	Or.8211/1735b	一九一
Or.8211/958	一六四	Or.8211/1736	一九九
Or.8211/962r	一六六	Or.8211/1737	一九四
Or.8211/962v	一六七	Or.8211/1738	一九五
Or.8211/963r	一六五	Or.8211/1739a	一九六
Or.8211/964	一六八	Or.8211/1739b	一九七
Or.8211/965r	一六九	Or.8211/1740	一九八
Or.8211/965v	一七〇	Or.8211/1741	二〇〇
Or.8211/966	一七一	Or.8211/1742a	二〇二
Or.8211/967	一七三	Or.8211/1742b	二〇三
Or.8211/968	一七二	Or.8211/1742c	二〇四
Or.8211/969~972	一七四	Or.8211/1743a	二〇六
Or.8211/973	一七五	Or.8211/1743b	二〇七
Or.8211/974	一七八	Or.8211/1743c	二〇八
Or.8211/975	二三二	Or.8211/1744	二〇九
Or.8211/976	二〇五	Or.8211/1745	二一〇

文書編號	本書編號	文書編號	本書編號
Or.8211/1746	二一二	Or.8212/183C	六三
Or.8211/1747	二一三	Or.8212/183D	三四
Or.8211/1748	二一四	Or.8212/183E	三五
Or.8211/1749	二一五	Or.8212/184	三一
Or.8211/1750	二一六		三二
Or.8211/1751	二一七		三三
Or.8211/1752	二一八		三四
Or.8211/1753a	二一九	Or.8212/185	二八
Or.8211/1753b	二二〇		二九
Or.8211/1753c	二二一	Or.8212/701	二一
Or.8211/1754a	二二二	Or.8212/702	一八
Or.8211/1754b	二二三	Or.8212/703	二〇
Or.8211/1754c	二二四	Or.8212/704	一九
Or.8211/1755a	二二五	Or.8212/705	二二
Or.8211/1755b	二二六	Or.8212/706	一三九
Or.8211/1756a	二二七	Or.8212/707	一五五
Or.8211/1756b	二二八	Or.8212/708r	一五〇
Or.8211/1757a	二三〇	Or.8212/708v	一五一
Or.8211/1757b	二三一	Or.8212/709	一五六
Or.8211/1758	二三三	Or.8212/710	一五四
Or.8211/1759	二三四	Or.8212/711	一五九
Or.8211/1765a	一九二	Or.8212/712	一三九
Or.8211/1765b	一九三	Or.8212/713	一五二
Or.8212/183A	六〇	Or.8212/714	一四六
Or.8212/183B	六二	Or.8212/715	一五八

續表

文書編號	本書編號	文書編號	本書編號
Or.8212/716	一四五	Or.8212/1374	五二
Or.8212/717	一三八		五三
Or.8212/719	一四四	Or.8212/1383	六六
Or.8212/720	一五三	Or.8212/1423	一三〇
Or.8212/721	一四〇	Or.8212/1425	一二九
	一四一	Or.8212/1448r	二三八
	一四二	Or.8212/1448v	二三九
	一四三	Or.8212/1500	二四〇
Or.8212/723	一四九	Or.8212/1505	二四一
Or.8212/724	一四八	Or.8212/1510	九五
Or.8212/725	一四七	Or.8212/1511	一二一
Or.8212/1104	一五七	Or.8212/1512	一〇六
Or.8212/1360	二三七	Or.8212/1513	一一三
Or.8212/1368	四〇	Or.8212/1514	一〇八
Or.8212/1369	三九	Or.8212/1515	一〇三
Or.8212/1370	四七	Or.8212/1516	一〇九
	四八	Or.8212/1517	一一〇
Or.8212/1371	四一	Or.8212/1518	九三
	四二	Or.8212/1519	七五
	四三	Or.8212/1520	一一一
	四四	Or.8212/1521	一一二
	四五	Or.8212/1522	一〇五
	四六	Or.8212/1523	一〇四
Or.8212/1372	五〇	Or.8212/1525	一一四
Or.8212/1373	五一	Or.8212/1529	七〇

續表

文書編號	本書編號	文書編號	本書編號
Or.8212/1530	九四	Or.8212/1554	一一七
Or.8212/1531	八九	Or.8212/1555	七一
Or.8212/1532r	九一	Or.8212/1556	七二
Or.8212/1532v	九二	Or.8212/1557r	七三
Or.8212/1533	七九	Or.8212/1557v	七四
Or.8212/1534	八〇	Or.8212/1558	八七
Or.8212/1535	七六	Or.8212/1559	八八
Or.8212/1536	八一	Or.8212/1560	九〇
Or.8212/1537	一一八	Or.8212/1561	八六
Or.8212/1538r	八二	Or.8212/1562	一〇〇
Or.8212/1538v	八三	Or.8212/1576	一二〇
Or.8212/1539	一〇二	Or.8212/1625	二三
Or.8212/1540	一一九	Or.8212/1700	六五
Or.8212/1541	一〇一	Or.8212/1714	六七
Or.8212/1542	一一六	Or.8212/1721	六八
Or.8212/1543	一一五	Or.8212/1767	一三三
Or.8212/1545	七七	Or.8212/1768	一三三
Or.8212/1546	七八	Or.8212/1769	一三四
Or.8212/1547	九七	Or.8212/1771	一三五
Or.8212/1548	一〇七	Or.8212/1772	一三六
Or.8212/1549	八五	Or.8212/1773	一三七
Or.8212/1550	八四	Or.8212/1856	一二五
Or.8212/1551	九六	Or.8212/1857	一二二
Or.8212/1552	九九	Or.8212/1858	一二三
Or.8212/1553	九八		一二四

續表

文書編號	本書編號	文書編號	本書編號
Or.8212/1859	一二六	Or.9615/11v	二四九
	一二七	Or.12637/56.1a~d	五六
	一二八	Or.12637/66	五七
Or.8212/1860	一七六	Ot.1554	三三三
Or.8212/1865br	二四二	Ot.1555	三三四
Or.8212/1865bv	二四三	Ot.1556	三三五
Or.8212/1865c	二四四	Ot.1557	三三六
Or.8212/1865dr	二四五	Ot.8089	三三七
Or.8212/1865dv	二四六	S.5862	三八
Or.8212/1865e, f	二四七	S.5864	二五
Or.8212/1865g	二四八	S.5867	二六
Or.8212/1866	六九	S.5868	三六
Or.8212/1867	一八〇	S.5869	三四
	一八一	S.5870	二七
Or.8212/1878	五四	S.5871	三〇
Or.8212/1888	五五	S.5872	二七
Or.8212/1891	四九	S.5891	二四
Or.8212/1896	一三一	S.6964	六〇
Or.8212/1898	一八二	S.6965	六二
	一八三	S.6966	六三
	一八四	S.6967	三四
	一八五	S.6968	三五
Or.8212/1911	一三二	S.6969	三二
Or.8212/1929（A）	一七九		三三
Or.8212/1930（1）	一七七	S.6970	三一

文書編號	本書編號	文書編號	本書編號
S.6971	三四	Дx.18919r	二六三
S.6972	二八	Дx.18919v	二六四
	二九	Дx.18920	二六五
S.9464r	二三五	Дx.18921	二六六
S.9464v	二三六	Дx.18922	二六七
S.11585	三七	Дx.18923	二六八
SI P 92.3	二八〇	Дx.18924	二六九
SI P 93.22	二七一	Дx.18925	二七〇
SI P 94.21	二八二	Дx.18926	二七一
SI P 98.5	二八一	Дx.18927	二七二
SI P 103.48	二八三	Дx.18928	二七一
SI P 103.49	二八四	Дx.18929	二七三
T IV Chotan	二八六	Дx.18930	二七四
	二八七	Дx.18931	二七五
	二八八	Дx.18939	二七六
	二八九	Дx.18940（1）	二七七
	二九〇	Дx.18940（2）	二七八
	二九一	Дx.18942A	二七八
	二九二	Дx.18942B	二七八
Дx.1262	二五七	Дx.18942C	二六六
Дx.1461r	二五八	Дx.18943	二七九
Дx.18915	二五九	俄Инв.5949	二八五
Дx.18916r	二六〇	北京某氏藏01	三四五
Дx.18917	二六一	北京某氏藏02	三四六
Дx.18918	二六二	和田某氏藏01	三四一

續表

文書編號	本書編號	文書編號	本書編號
和田某氏藏02	三四二	吐魯番地區博物館藏01	三三八
和田某氏藏03	三四三	吐魯番地區博物館藏02	三三九
和田某氏藏04	三四四	吐魯番地區博物館藏03	三四〇